走向世界的中国文明丛书

U0958492

玉器

丛书主编○邹登顺

马文戈　董绍勇　马肖○编著

SWUP
西南大学出版社
国家一级出版社　全国百佳图书出版单位

图书在版编目（CIP）数据

玉器 / 马文戈，董绍勇，马肖编著. -- 重庆 : 西南大学出版社，2022.10

（走向世界的中国文明丛书）

ISBN 978-7-5621-7392-2

Ⅰ. ①玉… Ⅱ. ①马… ②董… ③马… Ⅲ. ①玉器－介绍－中国 Ⅳ. ①K876.8

中国版本图书馆 CIP 数据核字（2015）第 104053 号

丛书主编 邹登顺

丛书编委 邹登顺 刘行光 沈凤霞 王军平 林 灿 西文斌 于智华 朱晓东 周云炜 王名磊 卢静云 王 升 曾学英 朱致翔 韦 娜

走向世界的中国文明丛书

玉器

YUQI

马文戈 董绍勇 马 肖 编著

出版策划：双安文化
责任编辑：何雨婷
封面设计：仅仅视觉
版式设计：鞠现红
排 版：吴秀琴
出版发行：西南大学出版社（原西南师范大学出版社）
地址：重庆市北碚区天生路 2 号
邮编：400715
http://www.xdcbs.com
经 销：全国新华书店
印 刷：重庆市骏煌印务有限公司
幅面尺寸：170mm × 240mm
印 张：9.5
字 数：170 千字
版 次：2022 年 10 月 第 1 版
印 次：2022 年 10 月 第 1 次印刷
书 号：ISBN 978-7-5621-7392-2

定 价：36.00 元

致读者

倡导“新史学”的梁启超在评述中国文明发展一脉相承、生生不息的同时，从文化交融发展角度指出了中国文明发展的道路：中国之中国、亚洲之中国、世界之中国三阶段。梁氏“三阶段说”独具慧眼，表明中国文明独创之后，走向亚洲，走向世界，与此同时也在拥抱亚洲其他文明和世界文明。中国与世界互为视角，既要坚持“和而不同”，“道并行而不相悖”的智慧，又要有更大视野，考察中国文明不能脱离世界文明的格局，中国文明也对世界有独特价值，并以其独特的方式影响人类文明的发展，做出了应有的贡献。安田朴《中国文化西传欧洲史》如数家珍地介绍，西方魁奈和杜尔哥的重农学派受中国重农风尚影响，古老的冶炼术成就了西方最大的金属工业的基础，中式园林影响西方王府公园，西方人眼中的中国式样“开明政治”成为其“理想模式”……凡此都表明18世纪西方“中国热”时，中国文明对西方文明的贡献有力焉。历史上，中国文明向亚洲、欧洲输送了许多发明和思想。从世界范围的历史和现状来看，文明程度之所以如此，中国人民的贡献颇多。中国文明除直接被其他文明吸收外，还有美国汉学家史景迁《文化类同与文化利用》书名所示的状况——类同和利用：不同文明从对方那里吸取有益成分，充实其文明甚至成为其文明发展的新鲜血液。由于历史原因，自西方工业革命以后，以科技为代表的文明成就日新，非西方国家和民族都争先恐后地学习西方、模仿西方，于是西化之声盈耳，响彻全球。中国近代以来的西化主流呼声一浪高过一浪，激进成时尚，文化交流渐变成西学东渐，东学西渐虽未绝却细细如缕。时至今日，中国如何走向世界，中国文明如何走向世界，依然是有识之士忧思的大问题。

中国文明走向世界，最基本的意思是从文明交流角度看中国文明如何影响其他文明，以及世界文明中的中国形象。除此基本意义外，还有两层意思。首先从反思现代性、后现代性角度看，中国文明具有独特的价值。一脉相承延绵5000多年的文明积淀，不仅为中华民族发展壮大提供了丰厚滋养，而且有独特的普世价值，诸如“天人合一”，即人与自然和谐的观念可以弥补现代化征服自然之偏执。其次，中国文明走向世界意味着顺应时代潮流，睁开眼睛看世界，主动去交流，广泛参与世界文明对话，促进文化相互借鉴，逐步改变西方国家对于中国文化的片面认知与刻板印象，树立新形象。这是中华复兴的使命所在，也是国家民族文化安全的重要组成部分。我们必须清醒地认识到，把中国文化介绍出去为他国认知，是十分困难的事，必须有长期打算，正如季羡林先生为《东学西渐丛书》写序时说：“想介绍中国文化让外国人能懂，实在是一个异常艰巨的任务，对于这一点我们必须头脑清醒。”

重庆双安文化传播公司和西南大学出版社出于文化使命感，思索中国文明如何走向世界。中国文明走向世界不仅要总结已有交流史、中国文化形象的得失，更应该从现代性、后现代性角度厘清文明家底，在这样的基础上谈论中国文明走向世界之事才有真实价值。为此策划了“走向世界的中国文明丛书”，涵盖中国对世界其他文明产生了深远影响的诸多内容，如戏曲、造纸术、丝绸、剪纸、中医、古琴、国画、饮食、印刷术、造船、武术、瓷器、灯谜、玉器、园林艺术等。

中国如何走向世界？中国文明如何走向世界？学人责无旁贷，任重道远，共襄其事，是为序。

邹登顺

（重庆师范大学历史与社会学院副教授、重庆市重点社科基地“三峡社会发展与文化研究院”文化遗产研究所所长）

前　言

“黄金有价玉无价。”如果说黄金是身份和价值的象征，那么，千百年来我们对于玉的怜爱，则是由于玉被赋予了更多的人文关怀。黄金是奢华的，光灿夺目；玉是朴素的，让人感到温润而柔软。

玉，当然不是中国的特产，可是，世界上没有哪一个民族比我们更喜爱它。在中国，玉不仅是一种物质文化，更是一种精神文化。远古时期，玉就被用作礼器，“以苍璧礼天，以黄琮礼地”。玉，早已成为天、地、人之间的使者。

东汉许慎《说文解字》载：“玉，石之美者，有五德。”何为美？心有所仪即是美。玉的人格化大约始于西周，《诗经》多见以玉喻人的记载：如“言念君子，温其如玉”；又如“如切如磋，如琢如磨”，是说当时琢玉的工艺，也是说君子的修养及其交往应该像玉一样。而最早赋予玉以道德内涵的是孔子。他曾说“夫昔者，君子比德于玉焉”，并且依据儒家伦理标准论玉“十一德”。其时，佩玉之俗蔚然成风，所谓“君子无故，玉不去身”。

在孔子的言论里，曾无数次提到“君子”一词，如“人不知而不愠，不亦君子乎”“君子之德风，小人之德草”“君子坦荡荡，小人长戚戚”“文质彬彬，然后君子”“君子喻于义，小人喻于利”，等等。君子是孔子做人的方向和标准，是孔子心中理想人格的体现者。子曰：“君子比德于玉焉，温润而泽，仁也。”《五经通义》诠释道：“温润而泽，有似于智；锐而不害，有似于仁；抑而不挠，有似于义；有瑕于内必见于外，有似于信；垂之如坠，有似于礼。”这样说来，所谓“仁、义、礼、智、信”五德，玉都具备了，自然成了君子的最佳契合物。

“谦谦君子，温润如玉”“宁为玉碎，不为瓦全”“洁身如玉”“金玉良言”……我们对这一块小小的石头寄托了太多的意义、灵韵以及感情，对于玉的喜爱，已远远超出了其价值本身。

从古至今，我们的情怀，我们的文化，都和这块美丽温润的石头发生了千丝万缕的联系。千百年来，玉文化已成为中国传统文化精髓的物质根基，是东方精神的物化体现。

斗转星移，时代更迭，美丽的中国玉器，早已走出国门，以深邃的文化内蕴，全新的姿态，展现于日新月异的世界面前，为人类文明的进步做出了贡献。

目　录

第一编　“玉”之概说

爱玉之心，人皆有之。何为玉？从古至今，历来有着种种不一的说法。哪一种最契合我们心中那份因玉而生的情意？地大物博的中国，哪些玉矿产地出产的玉经过历史的考验和洗刷，具有极佳的质地和品性？“玉不琢，不成器。”中国古玉的制作，有着怎样精细烦琐的流程？形形色色的中国古玉，又有哪些被赋予了神秘的人文气息，成为著名的“六瑞”之器？

一、何为玉

中国是世界四大文明古国之一，有着七千多年的文明史。中华文明起源的主要特征之一就是玉器，玉文化是中华民族文化的基石之一，也是区别于世界上其他文明起源的一个重要标志。

玉是中国文化构成的一个重要基因。爱玉之心，人皆有之，但，何为玉？

玉的概念历来并无十分严格的定义。在中国被称为“玉”的矿物种类十分庞杂。一般而言，符合美观、坚硬、温润等特点的矿物皆可被称为“玉”。同时，也有一些矿物符合通常对于玉的定义，但习惯上并不被称为“玉”。

以下是古今不同文献对于“玉”的定义：

《说文解字》：“玉，石之美者，有五德。润泽以温，仁之方也；䚡理自外，可以知中，义之方也；其声舒扬，专以远闻，智之方也；不挠而折，勇之方也；锐廉而不伎，洁之方也。”

《周易正义》：“玉者，坚刚而有润者也。”

《新华字典》定义“玉”为细腻、光泽、略透明的石头。

《中国大百科全书》定义“玉石”为天然、美观、细腻、坚韧、光泽、柔润之岩石，并谓一般指硬玉和软玉。

《中华人民共和国国家珠宝玉石鉴定标准》对“天然玉石”的定义为：由自然界产出的，具有美观、耐久、稀少性和工艺价值的矿物集合体，少数为非晶质体。

“石之美者，有五德。”一直以来，许慎的论述被认为是我国古代对于玉最权威的解释。

"五德说"是当时根据玉的自然属性并结合中国古代的伦理道德观念，特别是儒家的伦理道德观念而赋予玉的人文内涵，可大致反映出时人对玉的判定标准，需色泽、纹理、声音、硬度、比重几方面兼备，在一定程度上也反映了玉的特性。把玉的美和"仁、义、智"的道德观念联系起来，显然是意识形态的产物，这是我们认识玉器不可忽视的一个重要方面。

《辞海》则承袭了中国古代关于玉的理解，更简化地将玉定义为"温润而有光泽的美石"。

以上是广义的玉的概念。它不仅包括和田玉、独山玉（南阳玉）、翡翠等，还包括密县玉、岫岩玉、汉白玉、玉髓等。而后者在现代地质矿物学界仅被认为是美石，不属于玉的范畴。

有些学者认为，对中国古玉应使用广义的玉的概念，否则将使中国古玉（尤其是史前玉器）的研究范围大大缩小。因为我国在商代以后才大规模使用软玉。如此，在此以前的大量的非矿物学定义的玉制品将无处搁置，从而会在考古学上引起不应有的混乱。

目前，文物界比较通行的对玉的定义是：

有一定的光泽和透明度；

硬度 4.5~6.5；

比重 2.5~3；

颜色纯正单一，白、青、黄、碧、墨五色中之一色；

天然形成的矿物体。

我们认为，对中国古玉的定义，既要注重现代科学的研究成果，也要理解传统的习惯，同时不能脱离具体的历史背景。

二、中国古玉的主要原料

我国古代玉矿蕴藏丰富，产地众多，仅先秦典籍《山海经》中提到的产玉之地就有一两百处，现将中国古玉原料的主要产地和质地简介如下。

1. 和田玉

和田玉古名昆仑玉，其著名产地为今新疆和田地区，属透闪石类，密度为 2.9~3.1，硬度为 6.0~6.5。表面经琢磨后呈现强弱不等的光泽，色泽以白为好，质越纯则色越白，久享盛誉的羊脂白玉就是和田玉中的精品。因含不同的微量元素，和田玉呈现出白、青、碧、墨、糖等色调。

和田玉是一种软玉，俗称真玉。狭义上的玉，一般指新疆和田玉。和田玉不仅是我国而且也是世界上最好的玉料，它是我国古代玉器原料的重要来源。据考古材料显示，最迟在商代晚期，和田玉就已进入中原地区，秦汉以后，昆仑之玉更是闻名遐迩，一枝独秀。我国现存的秦汉以后的玉器珍品，大部分采用和田玉为原料。

2. 岫岩玉

主要产于今辽宁省岫岩县，宋应星在《天工开物》中载："朝鲜西北太尉山有千年璞，中藏羊脂玉，与葱岭美者无殊异。"此处所指当为岫岩玉无疑。其成分经鉴定主要是蛇纹岩。红山文化的玉器主要是采用岫岩玉。目前北京的玉器作坊也多以同类矿物为原料。

3. 蓝田玉

产地为今陕西省蓝田县，古今均甚有名。《汉书·地理志》中记载蓝田“产美玉”，《红楼梦》中亦有“神仙昨日降都门，种得蓝田玉一盆”的诗句。据地质部矿床地质研究所鉴定，蓝田玉的主要成分以硅、镁为主，是一种蛇纹石化的透辉石矿物，与岫岩玉近似。

4. 南阳玉

产于今河南省南阳市的独山，又称独山玉，是中国四大名玉之一。南阳玉色泽鲜艳，质地细腻，透明度和光泽度好，硬度高。其主要特色是色彩丰富且分布不均，浓淡相间，同一块玉石中常因不同的矿物组合而出现多种颜色并存的现象。但南阳玉因近年来的过度采挖而日益稀贵。

南阳玉的成分以硅酸钙铝为主，含硅量较低，实际上是一种包含数种矿物的岩石，硬度高达 6.0~6.5。从安阳殷墟出土的玉器中屡有发现以南阳玉为原料的，现今安阳市的玉器作坊，就多使用南阳玉。

5. 酒泉玉

产于今甘肃省酒泉附近的祁连山，也称祁连玉。玉色暗绿，有较多的黑色斑点，地质学鉴定其矿物主要是蛇纹石，与岫岩玉相同，但玉色极易与岫岩玉相区别。

酒泉玉是对祁连山、阿尔金山山脉加里东期基性、超基性岩形成的多种玉石的总称。酒泉玉结构致密细微，色泽鲜丽柔和，硬度 4.8~5.5，呈各种绿色，有浅绿、翠绿、墨绿等，其雕制品细腻温润，有较高的欣赏价值。商代，酒泉玉就被发掘利用，如被做成玉斧、玉刀等。到西周，酒泉玉器已声名远扬。

6. 密县玉

产于今河南省密县，在安阳殷墟出土的玉器中有发现。

密县玉的主要组成矿物有斜长石、黝带石、透辉石、铬云母、绿帘石、阳起石等。由于含有色矿物和多种色素离子，密县玉的颜色复杂而变化多端。其中50%以上为杂色玉，30%为绿色玉，10%为白色玉。玉石成分中含铬时呈绿或翠绿色；含钒时呈黄色；同时含铁、锰、铜时，呈淡红色；同时含钛、铁、锰、镍、钴、锌、锡时，多呈紫色。密县玉按颜色可分为八个品种。

7. 翡翠

翡翠在我国是硬玉的俗称，主要出产于缅甸，明朝时传入我国，玻璃光泽，半透明。翡翠因含有不同的染色离子而呈现各种颜色，通常有白、红、绿、紫、黄、粉等。纯净无杂质者为白色；若含有铬元素，则呈现出柔润艳丽的淡绿色；深绿色最为罕见，此品种最为名贵，极受人们的珍视喜爱；若含锰则呈现淡紫色、深紫色，常被称为春地或藕粉地；含铁元素，则呈现暗红、褐红、赭石色，被人们称为翡；含铅和铜元素，则呈现淡蓝、淡青色，人称橄榄水。高档翡翠除颜色好之外，质地也极其重要。一般颜色鲜嫩漂亮、质地较透明、玻璃光泽强者为上品。

三、中国古代玉器的制作工艺

中国有句古语：“玉不琢，不成器。”玉材经过琢磨加工才能成为玉器，制造玉器是一项专门的技艺。玉料的硬度比较大，石质或者其他质地的工具（无齿锯、砣、钻等）必须经过中间介质——解玉砂才能对玉料进行加工，如实施切割、钻孔、表面磨光等；解玉砂一般采用比玉材硬度更高的石英砂。玉器制作的工序就是琢和磨，先秦叫琢玉，宋代叫碾玉。因此，是否经过琢磨，是判别玉器的一个重要条件。不同时代玉器的琢磨技术和工艺各具特点，故琢磨技术和工艺是判断玉器时代的重要依据之一。

要了解玉器的琢磨技术和工艺，玉器制作工具和方法是基础，下面根据相关资料，对我国玉器制作的工具和制作方法简单进行图说。

1. 制玉工具

（1）砣机

砣机是明清时期制作玉器的主要机器，俗称“水凳”。

砣机

（2）砣具

砣具是一种圆盘状的工具，背后有一根圆管可以与砣机上的旋转杆连接。

新石器时代晚期至汉代所使用的砣具大约有五种：大砣用于切割；宽砣、斜砣、细砣用于雕琢纹饰；平砣用于打磨。

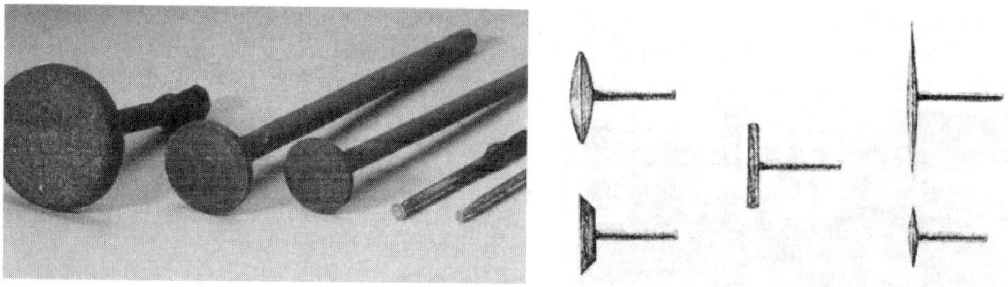

砣具（右图左上为宽砣；右上为大砣；左下为斜砣；右下为细砣；中为平砣）

（3）解玉砂

解玉砂由硬度比玉高的自然矿石加工而成。

解玉砂

2. 玉器的制作方法

中国玉器的制作工艺流程是随着社会生产力的发展而日趋完善的。

新石器时代的琢玉工艺相对简单，后因铜、铁等金属工具的运用，工艺流程逐步复杂，至清代晚期形成了一套完整的玉器制作工艺流程。

清末李澄渊的《玉作图》将中国古代玉器的工艺流程分解为捣砂、研浆、开玉、扎砣、冲砣、磨砣、膛砣、上花、打钻、透花、打眼、木砣、皮砣等，具体步骤是：

先准备解玉砂（捣砂、研浆）；接着用一把没有锯齿的拉锯（又称拉丝）和着解玉砂将玉料锯开（开玉）；然后在带圆盘砣（又称砣）的旋车上将玉切成坯（扎砣）；再根据需要，或以装有边缘粗厚的圆盘状砣的旋车磨平表面（冲砣、磨砣），或以装有卷筒穿膛锥、成膛钻的旋车掏膛（膛砣），或以装有形似小图钉的圆盘状勾砣（又称丁子）的旋车雕花（上花）。若需要镂花，则先用拉钻打孔（打钻），再用搜弓镂锯（透花），最后磨光，用木制圆盘砣包上砂浆或牛皮以旋车抛光（木砣、皮砣）。

一件精美的玉器就通过这样一个工艺流程问世了，图解如下：

古代玉器制作之一：捣砂和研浆

古代玉器制作之二：开玉

（1）捣砂和研浆

在左图里，站着的玉工拿着杵，一下一下地用杵去捣，要把石臼里的石砂敲得更细碎。另一位玉工坐在凳子上，面前放了一个好像炒菜锅样的大筛子，筛子底有细孔，可以让细小的石砂漏下去，粗砂就留在筛子中，这样就可以把石砂按照颗粒大小分类。院子里还有木桶、木盆和毛刷，是将筛好的砂再用水泡着，泥巴之类的杂质就会随着水漂出去。经过捣砂和研浆的程序，就可以得到颗粒均匀的石砂。这些砂是用来解剖玉璞、琢磨玉器的，所以叫作“解玉砂”“磨玉砂”。

（2）开玉

还没雕琢的玉料叫作玉璞。它的外表常常包裹了一些粗松的石头。开玉，就是把玉璞外表的石头削掉。在《开玉图》里，有两个玉工，坐在大树下的凳子上，两人之间用木架架起了一个大玉璞。他们各拿着“条锯”的一端，你来我往地拉着这个条锯。条锯上主要用来切割玉璞的，只是一条钢丝。钢丝是割不动玉的，所以在树上挂着一个茶壶，壶底有洞，壶里是石砂和水。裹着石砂的水一滴一滴地滴下来，滴到玉璞上，增加了条锯的锋利度。这样来回地摩擦和切割，才能把玉皮子切掉。

（3）扎砣

扎砣又叫切玉，是利用“扎砣”这种工具，将玉料切成方块或方条。玉工坐在“旋车”前，旋车上架着的工具，结构颇复杂。这组工具是用长木棍（又叫木轴）的一端，装上圆形的钢盘。钢盘的周缘很薄，像刀口一样锋利。木轴上缠绕着两根绳子，绳子下端各系一片木板。这两片木板叫作“登板”。操作的时候，玉工的两只脚轮流踏着登板，靠麻绳牵动木轴旋转。玉工用左手托拿着玉料，抵住正在旋转的钢盘的刃边。桌子的一端放着一个盛了水和红砂的盆子，玉工用右手舀砂，浇在玉料上。坚硬的解玉砂，配上旋转而锋利的扎边刃，才能把玉料再切成方块或方条。

古代玉器制作之三：扎砣

古代玉器制作之四：冲砣

（4）冲砣

利用砣和解玉砂，把方块或方条的玉料上方硬硬的转角部分“冲”成“圆”，这个步骤也是坐在旋车上完成的。经过这个步骤，要雕琢的作品也大致成形了。

古代玉器制作之五：磨砣

古代玉器制作之六：膛砣

（5）磨砣

利用砣来磨细玉器的表面。所用的工具和第三步的“扎砣”有些相似，但用于切玉的砣是薄而锐利的，而用于打磨的砣厚约二三分（0.6 厘米 ~0.9 厘米），可以把玉的表面磨细腻，发出温润的光泽。

（6）膛砣（掏膛）

把已经雕琢好外形的瓶瓶罐罐掏空内膛，让内部的中央空出来，盛其他的东西（如香粉、香油）。

（7）上花

在磨好的器物上，琢磨出各种花纹。上花用的砣更小，种类也更多。

古代玉器制作之七：上花

古代玉器制作之八：打钻

（8）打钻

这是对一些要雕琢镂空花纹的玉器所做的一个重要步骤。玉工坐在桌子的一端，用左手握着玉器，抵在轧杆下端的金刚钻下面，右手来回拉动弯弓，弯弓会带动轧杆一来一回地旋转，杆尖所嵌的金刚钻就可以把玉钻出一个圆洞了。

（9）透花

所用的工具称作“搜弓”。操作的时候，先把搜弓上的钢丝解开一端，穿透这个圆洞，再绑好。玉工的右手握着搜弓，一来一回拉动着钢丝上加浸了水的石砂，就能按照玉片上画的线条来切割了。因为一般书写作画的墨汁，是会被水冲洗掉的，所以玉工是用石榴皮的汁来勾画出要透雕的图案，和了水的解玉砂，配合钢丝在玉片上来回割锯时，图案仍然清清楚楚，不会被水洗掉。

（10）打眼

这是专门针对鼻烟壶、扳指、烟袋嘴之类小件钻孔所用的特殊技巧。因为这类玉器器形小巧，不方便用手拿着打钻，所以就在大竹筒中装了水，上面安装木板，木板中央挖洞，洞的形状和要钻孔眼的小玉器相同。不同形状的小玉器，要配上挖了不同形状孔洞的木板。玉工右手拉着“绷弓”，一来一回地带动金刚钻，就会在玉器上钻出洞来。

古代玉器制作之九：透花

古代玉器制作之十：打眼

古代玉器制作之十一：木砣、皮砣

（11）木砣和皮砣

木砣和皮砣就是磨光，即把雕琢好的玉器外表仔细地打磨，使之柔润光洁。这时使用的工具是登板连着木轴带动一个圆形的转盘，而这一步骤用的圆盘，是厚厚的木砣，配用的石砂硬度比较低，又称“沁水宝料”，大约是石英砂（7 度）来细细磨光。最后，在木砣的外面，包上牛皮并用麻绳缝好，再借着旋车，配上“沁水宝料”，做最后的磨光。

四、中国古代常见玉器的主要种类

古代常见的玉器，主要有璧、琮、圭、琥、璋和璜，合称为“六瑞”，是中国古代玉器的核心部分。

《周礼》中说：“以玉作六器，礼天地四方。以苍璧礼天，以黄琮礼地，以青圭礼东方，以赤璋礼南方，以白琥礼西方，以玄璜礼北方。”古人讲究“礼神者必象其类”，六瑞在颜色的使用上就有了很好的映衬。天是苍白色的，现在我们还说苍天，因此礼天用的是苍璧；土地是黄色的，因此以黄琮礼地；四方的颜色取自古时的四大神兽——青龙、白虎、朱雀、玄武，他们分别是东、西、南、北四个方向的守护神，同时他们也分别象征着四季。

另外，无论是从文献记载上看，还是从考古发掘品来看，“六瑞”的形状和用途都是相当繁杂的。

1. 璧

扁圆形，正中有孔。在我国，玉璧自新石器时代出现以来，历代都颇为人们崇尚，因此多精工琢制。其用途比较多样，大致可分以下几类：一为祭器，用作祭天、祭星、祭神、祭山、祭海、祭河等；二为礼器，用作礼天或作为不同身份的标志；三为佩系；四为砝码用的衡；五用作辟邪和防尸腐。

璧

2. 琮

外方内圆的管形玉器。玉琮的用途很广，据《三礼》解释：有祭礼时用以祭地，敛尸时放在腹部，朝聘时诸侯持以敬献君夫人，等等。今人则据其形状及纹饰，认为琮是贯通天地的一种法器，是图腾柱，是巫师用以沟通神灵的工具。玉琮以新石器时代良渚文化遗址中所见最多，大汶口文化、石峡文化等遗址中也有发现。商代，玉琮比较常见，但器形较短，不似良渚文化的那么细长高大。汉以后似乎不再制造。

琮

3. 圭

圭

也作“珪”。古代帝王和诸侯朝聘、祭祀、丧葬时所用的玉制礼器，为瑞信之物，扁平长条形，下端平直，上端为等边三角形。形制大小因爵位及用途而异。《周礼·春官·典瑞》中有大圭、镇圭、桓圭、信圭、躬圭、谷圭、琬圭、琰圭等名称。商代有石圭出土，战国时玉圭方才盛行。

4. 琥

一种琢雕成虎形的玉器。有孔者可称为虎形玉佩，无孔的应是玩器、陈列品或做其他用途，可称为玉虎。商代妇好墓中出土的玉琥，有细孔，应称虎形玉佩，属装饰品类，而不作为发兵或祷告之用。

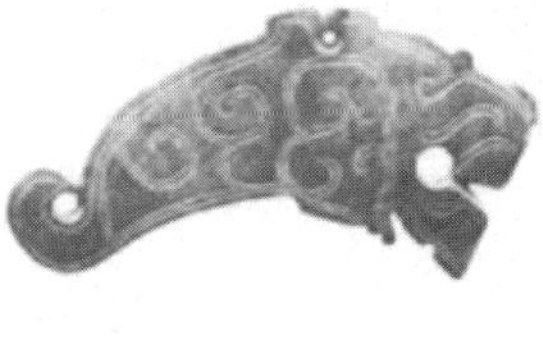

琥

5. 璋

璋

古代朝聘、祭祀、丧葬、发兵用。形如圭之一半，上端是一道斜边，下端平直。形制大小、厚薄、长短因所事不同而异。有大璋、中璋、边璋、牙璋。瑞信用大璋，通身施纹；祭大山川用中璋，十分之七施纹；祭中山川用边璋，施一半纹；发兵用牙璋，首似刀而无刃。商代有石璋出土，战国时玉璋才盛行。

6. 璜

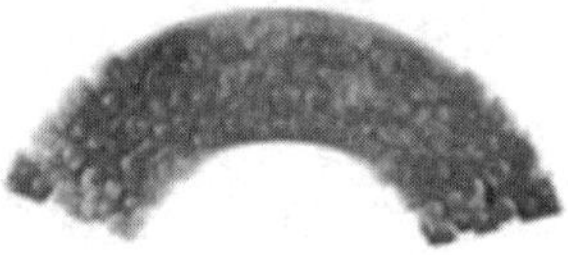
璜

一种弧形玉器。古代贵族朝聘、祭祀、丧葬、征召的玉制礼器。璜穿孔作佩饰用，故有“佩璜”之称。新石器时代的佩璜，一般两端各有一孔，系以佩戴。商代的玉璜，多由璧环类改制而成。

7. 玦

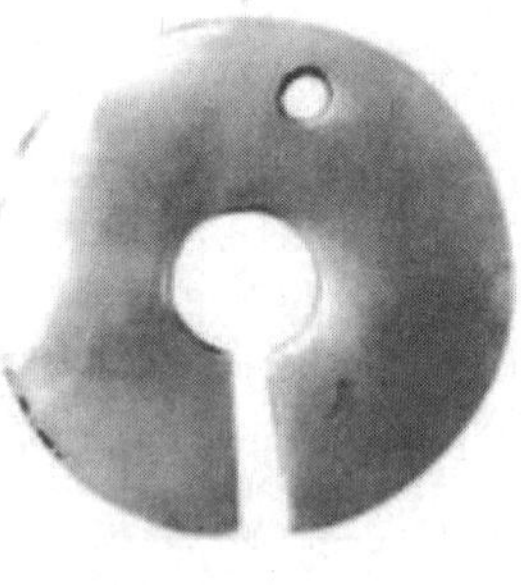
玦

形如璧而有一个缺口。其用途，古今说法甚多，概括起来有五种：一做佩饰；二做信器，见玦表示断绝关系；三寓意佩戴者做事果决；四做刑罚的标志，犯法者于某处服刑，见玦则不许还；五用于射箭，使用时将玦戴在右手拇指上，用作钩弦。

8. 琀

古代入殓时放在死者口中的玉为琀。多为蝉形，故又称“玉蝉”。《周礼·天官·玉府》：“大丧共含玉。”大丧，指皇帝丧。此外还有含璧、含珠、含瑁、含贝等，因死者身份不同而有所区别。

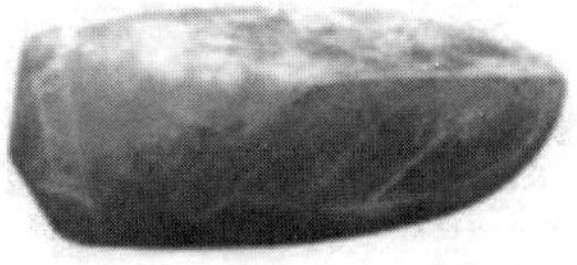

琀

第二编　中国玉器文化分期特征

玉，石之美者也。7000多年前，南方河姆渡文化的先民们，有意识地把拣到的美石制成装饰品，打扮自己，美化生活，从此拉开了中国玉文化的序幕。接下来，红山文化、良渚文化、龙山文化，无一不是中华民族玉器制作的辉煌时期。它们有着怎样惊心动魄的美？又怎样创造了那个时代不可逾越的高峰？从夏朝到当下，各个历史时期的玉器发展，又有着怎样独特而鲜明的文化特征和时代风采？

一、新石器时代的玉器

中国玉器源远流长，已有7000多年的辉煌历史。南方河姆渡文化的先民们，在选石制器的过程中，有意识地把拣到的美石制成装饰品，打扮自己，美化生活，拉开了中国玉文化的序幕。在新石器时代中晚期，辽河流域、黄河上下、长江南北，中国玉文化的曙光到处闪耀，以辽河流域红山文化、太湖流域良渚文化、黄河流域龙山文化的出土玉器最为引人注目。

1. 河姆渡文化时期的玉器

河姆渡遗址位于浙江省余姚市河姆渡镇，距今有7000多年。河姆渡遗址第三文化层所出土的玉器是我国迄今发现较早的玉饰件。

河姆渡遗址

河姆渡文化玉器

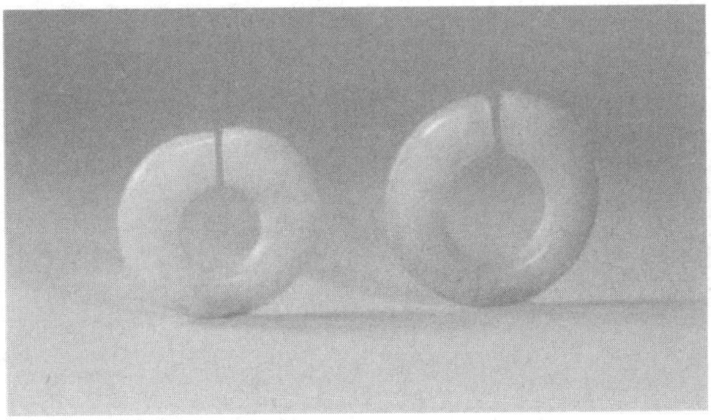

河姆渡文化玉器·玉玦

河姆渡文化出土的玉器品种有璜、玦、饼、坠等，多为小件装饰品。由于当时人们制作玉器经验不足，琢玉工具尚不完备，再加之艺术欣赏能力较低，所以制作不规整，工艺一般仅采用琢打磨光，器形较简单，器身多不饰纹样。

上图玉玦出土所在文化层为河姆渡文化三期，于1990年塔山遗址出土。

满者为环，缺者为玦。玦是我国最古老的玉制装饰品，为环形，有一缺口，在古代主要是用作耳饰和佩饰。玉玦古时多为王侯佩戴。玦者乃遇满则缺的意思，王侯佩戴是为警示，告诫其不可自以为是。

2. 红山文化时期的玉器

红山文化玉器最早发现于辽宁省凌源县牛河梁遗址。1942年，考古工作者在那里发掘出土一件勾云纹玉佩。以后，在红山文化诸遗址中多有玉器发现，以凌源县牛河梁、三官甸子、喀左县东山嘴等地出土较多，内蒙古翁中特旗三星他拉、敖汉旗大洼，辽宁省阜新县胡头沟等处也有不少重要玉器发现。

距今6000多年的红山文化出土了一批包括龙和与龙有关的以各种动物图案为题材的玉器，而其他造型的装饰用的小件玉器则发现甚少，也没有琮、璋等礼器出土。红山文化出土的成批玉器中多数为动物造型的装饰品，构成这一文化的显著特征。

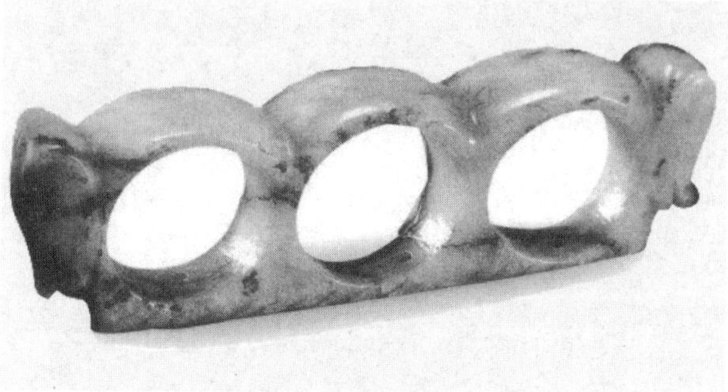

红山文化玉器 · 双兽首三孔

材质与造型

红山文化玉器使用的材质较多为辽宁岫岩县细玉沟透闪石类的玉材，材料质地细密，硬度较高，色泽均匀。玉的颜色有苍绿、青绿、青黄、黄色，也有玲珑剔透的碧玉和纯白色玉。

红山文化玉器的造型深厚、凝重，既概括洗练，重点部位突出，又有不同于一般特征的神韵，如动物造型玉器，既生动，又拙朴、豪放。

红山文化玉器依据造型和题材可以分为动物形玉和几何形玉饰。动物形玉又可以分为现实动物形和幻想动物形。现实动物形玉器如玉鸟、玉龟、玉鱼等；幻想动物形如玉龙、兽形玦等。几何形玉饰有：勾云形玉佩、马蹄形玉箍、方圆形边似刃的玉璧、双联玉璧、三联玉璧、棒形玉等。红山文化玉器中的动物造型，风格质朴而豪放，表现手法中的圆雕、浮雕、透雕、两面雕、线刻等已日臻成熟。

红山文化玉器 · 兽形玦

纹饰与工艺

纹饰是一个时代思想观念、审美意识和信仰的产物。如能掌握各个时代的纹饰特点，便能比较准确地认定其年代。红山文化玉器表面多光素无纹，除玉龙额部和颚底有斜方形网纹和表现兽头眼部、牙齿的细阴线纹外，常见的特点就是压地浅浮雕、凸弦纹。浅浮雕又称打洼，即在平面玉佩或圆雕玉器上磨出平整匀称的凹槽形纹饰，也称瓦沟纹。有些压地浅浮雕若隐若现，目视不甚清晰，手摸感觉明显，凸弦纹在多数红山文化玉器中都能见到。

器物的雕琢工艺，是工艺技巧及艺术表现力等因素的总和，最能反映时代特征。红山文化玉器的工艺，各部位过渡自然，表面光泽细腻，少有磨痕，除个别小型佩件外大多无玻璃光。不论动物或器物，一般都有穿孔，多系对钻而成，也有从一面钻进的马蹄形孔，孔壁呈粗螺旋状，有的孔中部交接处出现错位棱台，扁平器物在工艺上多两面加工，内外边缘成刃状，具有独特的艺术风格。

沁色

沁色是古玉器的年代标志，也是判断真伪的重要依据。在外部侵蚀条件下生成的沁色，表面常伴有侵蚀的共生物质。红山文化玉器，天然沁色较少、较轻，常见的有雾状白色水沁、黄褐色土沁、红色沁、黑色沁，也有少数绿色铜沁。红色类血沁和绿色铜沁，多出现在黑色或黄白色皮壳之下。

古玉在地下多年，表面都有后天生成的自然旧色和包浆。真古玉的包浆较厚，且分布均匀自然，还有一种发自内部的光泽。这种反射光是自然的、一致的，光泽统一且有油性，不同于抛光后出现的表面玻璃光。即使腐蚀较为严重的某一局部，其光泽仍会显出一致性。古玉光泽发自内部，所谓精光内蕴，而不是表面浮光。

红山文化玉器一般表面无玻璃光，表面光泽与玉的硬度及解玉砂颗粒的匀细程度相关。一般情况下，玉质硬度高，光泽强，磨砂痕轻；玉质软、石性重者，光泽差；解玉砂颗粒匀细，光泽强。出土的玉器表面都有一层柔和的老玉特有的光泽，不同于现代的油蜡抛光技术造出的效果。

代表作——“中华第一龙”

红山文化出土的玉器中最具有代表性的是玉雕龙。此件玉饰玉质呈碧绿色，体蜷曲，形似“C”；吻前伸，嘴紧闭，鼻端平齐，双眼突出；额及颚底皆刻细密的方格网纹；颈脊长鬣上卷，边缘斜削成锐刃，末端尖锐；尾向内弯曲，末端圆钝；背有一对穿圆孔，可供穿挂用。

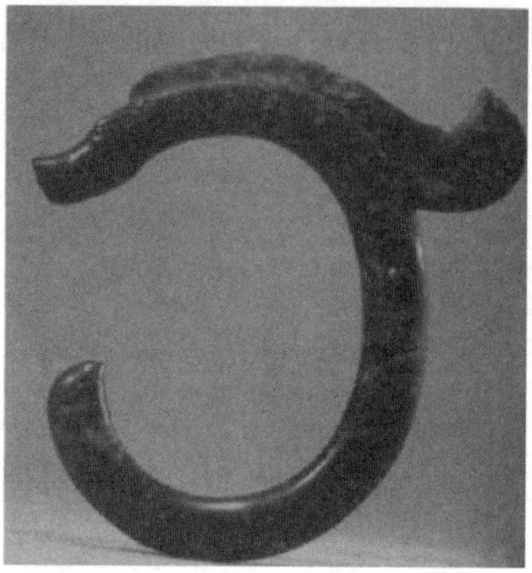

红山文化玉器代表作——“中华第一龙”

龙，是中华民族自上古以来一直崇尚的神异动物，作为一种图腾象征，被赋予了浓厚的神秘色彩。

这件“C”形玉雕龙无足、无爪、无角、无鳞、无鳍，它代表了早期中国龙的形象。由于它已经具备了龙的基本特征，而且是迄今发现的最早的龙文化的实物，因此被喻为“中华第一龙”。

玉龙的发现非常重要，龙是原始崇拜的图腾，反映了早期人们的生活状态。根据这件玉龙的形状，有人推测其形象来源于马、野猪、熊等。红山文化玉龙，是多种动物特征的组合，是对动物形象进行的神话加工。

那么这件玉器是做什么用的呢？许多学者认为是在祭祀活动中使用的神器，是巫师通神通天地使用的。也许是神灵庇佑，也许是巧合，“C”形龙出土之后，红山文化玉器陆续出土。从此，这件玉龙，成为许多杂志的压题照片，成为华夏银行的标志，更成为红山文化的象征。

3. 良渚文化时期的玉器

距今 5300 年至 4000 年的良渚文化与红山文化并驾齐驱，是中国新石器时代玉器发展的最高峰。

良渚文化遗址于 1936 年首次发现于浙江省余杭县良渚镇而得名。良渚文化遗址主要分布在太湖地区，南抵钱塘江，北至江苏中部（主要是长江以南）。良渚文化以夹细砂的灰黑陶和泥质次胎黑土陶为主要特征，大量玉器的出土也是其重要特征之一。

良渚文化玉器在数量、质料、造型、纹饰、制作技术等各个方面都有巨大的飞跃。数量自不必说，质料虽颇庞杂，但绝大部分为质坚色美的透闪石 - 阳起石软玉，另外还有一部分是蛇纹石。

数量与质料

良渚文化玉器・玉琮

20 世纪 50 年代以来，随着考古工作的进展，在江苏草鞋山、张陵山、武进寺墩，浙江嘉兴雀幕桥，杭州水田畈，上海青浦福泉山等良渚文化重要遗址中已出土数目多至上千件的玉器，其玉质之精美，品种之繁多，技术之精湛，令人赞叹不已。

良渚文化玉器大多失去了原有的半透明光泽而呈粉白色，这是因长期埋于地下受侵蚀所致。福泉山墓地出土的唯一的一批受侵蚀较小的玉器，其颜色呈黄绿色和黄褐色，一些玉器经鉴定属透闪石－阳起石系列软玉，少数为叶蛇纹石和石英，玉料的来源应是就地取材。

造型

良渚文化玉器种类按照器形来分有球、璧、冠状器、三叉形器、柱形器、柄形器、锥形器、半圆形饰、牌饰、串饰、新月形饰、动物形饰、端饰等。从用途来看，璧、琮、冠状器、三叉形器等为礼器，是史前时代人类用来祭拜神灵的法器。

良渚文化玉器・玉神人纹十二节琮

纹饰

良渚文化玉器以素面为主，有纹饰的较少。饰纹已采用立体纹、地纹和装饰纹三位一体，称为“三层花”，即第一层用阴刻线刻出云纹、直线、涡纹等为底纹，然后用浅浮雕的手法表现轮廓，最后再以阴刻线在凸面表现细部。最具代表性的是在很多器型上均发现主题纹饰——神人兽面纹，这类纹饰采用阴线刻加浮雕的手法，

良渚文化玉器 · 镯式玉琮

将虚实有别的神人与兽面，和谐巧妙地布于方寸之间，使人感受到高高在上的神人，主宰着世间万物，而世人无不对他顶礼膜拜。有着神人兽面纹的良渚文化玉器往往出自相当高等级的墓葬，收藏流通领域中较为罕见，价值不菲。而市场上比比皆是的带有神人兽面纹的良渚文化玉器，绝大多数是仿品。

表现手法与制作工艺

良渚文化玉器气势雄伟，讲究对称均衡，给人一种庄严肃穆的感觉，其表现手法以阴刻线为主，辅以浅浮雕，并出现了圆雕、半圆雕、镂空等难度极大的雕刻手法。良渚文化玉器的阴刻工具采用的是硬度比玉高的打制石器，如玛瑙、水晶、黑曜石等，所谓“他山之石可以攻玉”应源于此。玉料的切割分线切割和片切割两类，开璞成坯时多采用线切割，使用的工具应是麻绳之类蘸水带动解玉砂，留下的切割痕迹呈抛物线形。玉坯成形后多使用片切割，所用工具为硬度较高的磨制细石器加水带动解玉砂，切割痕迹呈直线状。钻孔的技术有管钻和桯钻两种，多使用两面对钻的方式，往往留下错位形成的台痕，孔壁有不规则的螺旋纹，包浆柔和，和仿品的较规则的螺旋纹、干涩的孔道形成鲜明的对比。打磨的工艺分粗打磨、细打磨和抛光三种：粗打磨使用颗粒较粗的砂岩质工具，磨下来的粉末正好做解玉砂用；细打磨使用细石器加水和颗粒较细的解玉砂磨制；抛光所用的材料今天无从考证，猜想应是兽皮之类。良渚文化一些高等级墓葬如反山、瑶山出土的玉器表面有极强的玻璃光泽，像刷了一层清漆般，抛光水平令人叫绝。

良渚文化玉器的制作工艺也取得了长足进步。石英砂已被广泛运用，考古工作者在寺墩良渚文化墓葬中已发现可以琢玉的石英砂。管钻法已普遍运用到钻孔技术中，在良渚文化墓葬中就曾发现有管钻剩下的棕蕊。这时琮、璧等大型玉器的孔壁上留有螺旋纹或垂直的台阶痕迹，这往往是因为玉质坚硬对工具不断磨损以及钻孔时对位不准造成的。小件器物一般使用桯钻，但由于工具的磨损总会造成进孔处较大，愈深则孔愈小，这是金属钻孔工具出现以前的一个重要特征。根据对良渚文化玉器工艺的考察，此时很可能已出现了旋转性的原始砣具。

良渚先民在治玉技术上普遍采用砂解法，即用解玉砂加解玉工具通过摩擦来切割玉料。从玉器上留下的痕迹观察，当时以片状硬性物件做直线运动为特征的片切割和以弦状硬性物件做弧形运动为特征的线切割两种方法结合，运用于玉器的镂孔。玉器上细密的阴线花纹，主要是用手直接雕刻的，这些细若游丝的阴线往往由若干条划痕拼组而成。玉器雕成后，表面还要打磨光滑达到光可鉴人的效果。良渚文化的琢玉技术代表了新石器时代用玉工艺的最高水平。

代表作——玉兽面纹琮

良渚文化玉器・玉兽面纹琮

良渚文化玉器的兽面纹常以单（双）阴线刻的圆圈象征眼睛，两眼之下用浅浮雕，其上增配桥状隆起，似鼻梁，再以弧线勾勒出脸庞。纹饰着重强调图像头部结构。为解决背面平面形象的呆板，设计者匠心独运地采用两个侧面表现立体图形的方式，将原本单调、呆板的背面形象表现得面目狰狞，变幻莫测，令人怵然而惊。称其为“狰狞的美”或“狞厉的美”，是很恰当的。

影响

良渚文化玉器对周围地区的文化玉器有巨大的影响，如长江中游的大溪文化等，发现的琮、璧等玉器与良渚文化玉器有着极深的渊源。而良渚文化对北方黄河流域的影响更是深远。商玉器的种类很多都可以在良渚文化玉器中找到形制，特别是良渚文化的兽面纹和玉石镶嵌技术不仅完全被商代所吸收，而且对商周青铜器制造产生了一定的影响。目前学术界一般认为，良渚玉琮上的兽面纹就是商周青铜器镂台纹的雏形，而玉石镶嵌技术又为商代以后铜嵌玉的出现奠定了基础。

4. 龙山文化时期的玉器

龙山文化因1928年首次发现于山东历城龙山镇（今属章丘）而得名，距今约4600年至4000年，是高度成熟的新石器时代晚期文化。

经多年大量发掘与研究表明，龙山文化的系统与来源并不单一，可分为山东龙山文化、河南龙山文化和陕西龙山文化。这三个文化中的玉器以山东龙山文化发现的玉器较多，河南龙山文化和陕西龙山文化玉器发现较少。山东龙山文化、陕西龙山文化中玉的生产工具颇具特色。山东龙山文化玉锛上的饕餮纹，应是商代铜器饕餮纹的雏形。

工艺特点

龙山文化玉器工艺上最突出的特点是剔地阳纹，也叫压地或减地阳纹。这种工艺做一条阳线，首先要刻出两条阴线作为阳线两边的轮廓，然后再分别剔除两边多余的部分将阳线凸起，最后还要平整除去部分表面，工序相当复杂。良渚文化玉器以细如发丝的单阴线为特点，红山文化玉器以宽而浅的“U”形粗阴线为特点，工艺远不及龙山文化玉器。商代玉器的双勾阴线只是龙山文化玉器工艺的第一步；西周玉器双勾阴线加斜刀“一面坡”也只是龙山文化玉器工艺的一步半；直到现代，也因其工艺复杂，要求高而很少使用阳纹。

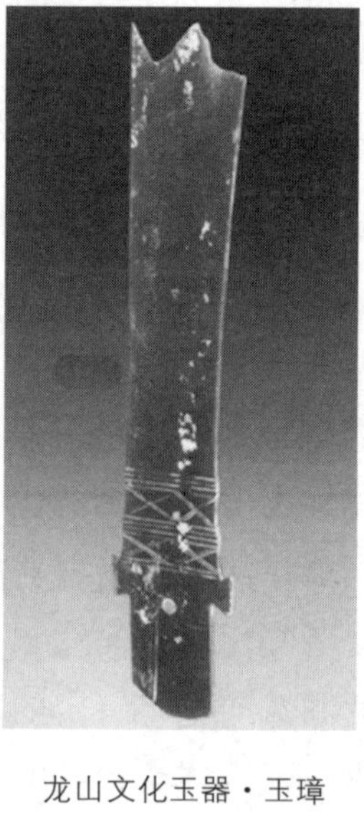

龙山文化玉器 · 玉璋

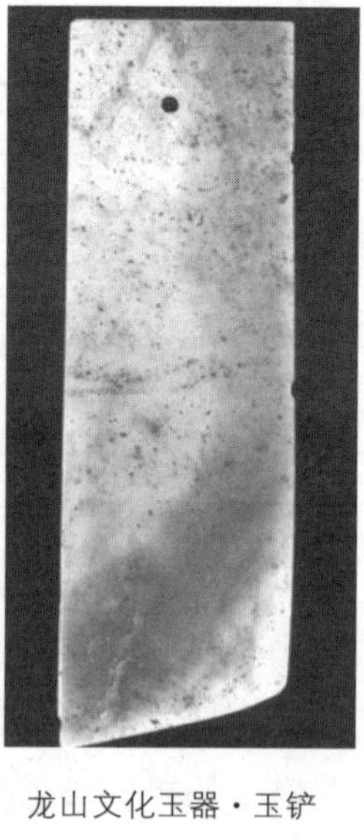

龙山文化玉器 · 玉铲

器形

山东龙山文化玉器的器形主要有钺、斧、铲、刀、凿、圭、璋、琮、璜、璧、璇玑、冠饰以及鸟形器等肖生玉，其中圭、璋、璇玑、冠饰均为前期少见的新型玉器。河南龙山文化玉器发现的器形较少，主要有璧、环、璜、玉饰等。陕西龙山文化玉器的器形有多孔刀、璋、圭、琮、璧、璜、戈、斧、钺、铲、锛、璇玑及人面、虎首、蚕、蝗、螳螂等肖生器。陕西龙山文化玉器的器形主要有琮、瑗、钺、梳、臂环、管及步摇等，大致可分为礼器、仪仗、用具和装饰四类。

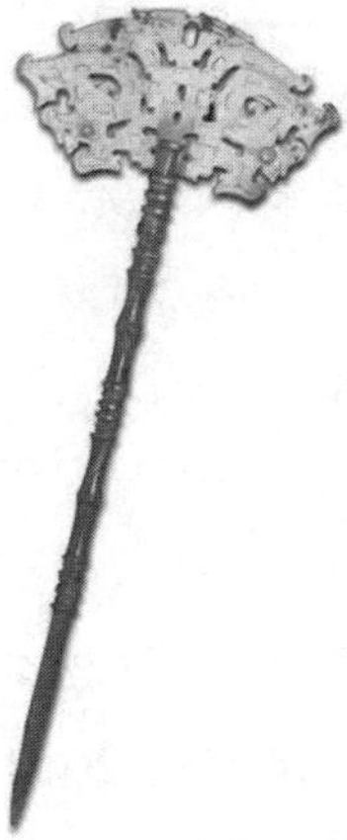
龙山文化玉器・嵌绿松石的玉簪

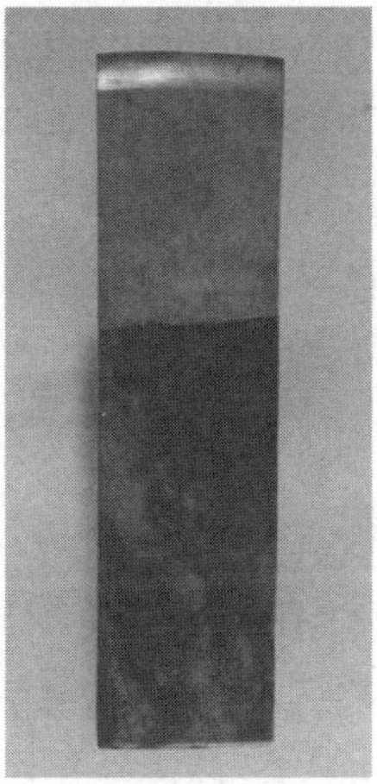
龙山文化玉器・玉锛

纹饰

龙山文化玉器的抽象变形纹饰，极其耐人寻味。所见有在玉簪上的变体兽面纹、玉头饰上的变形夔龙纹、玉璇玑的漩涡形纹以及玉锛等器上的饕餮纹等。这些纹饰都给人一种似是而非、似有似无之感。这种抽象变形的艺术风格，反映了龙山文化玉器的独特面貌，更使人感到古玉之神秘莫测。

龙山文化遗址出土了许多玉石装饰品，鸟形或鸟头形玉饰为以后商代大量盛行动物雕开创了先例。我们从出土玉器的造型、纹饰来分析，它们所体现的思想内容和社会特点及时代所赋予的特殊性质，并不仅仅具有装饰的意义，还与当时的宗教思想有关，这种以某种生物为崇拜对象的现象正是原始图腾的特征。这一时期的玉器制作达到了一定的水平，对接下来的夏、商玉文化产生了深远的影响。

5. 三星堆玉器

三星堆古遗址位于四川省广汉市西北的鸭子河南岸，分布面积 12 平方千米，因其古域内三个起伏相连的黄土堆而得名，有“三星伴月”之美名。三星堆遗址距今已有 5000 至 3000 年历史，是迄今为止在西南地区发现的范围最大、延续时间最长、文化内涵最丰富的古城、古国、古蜀文化遗址，现有保存完整的东、西、南城墙和月亮湾内城墙。三星堆遗址被称为 20 世纪人类最伟大的考古发现之一，昭示了长江流域与黄河流域一样，同属中华文明的母体。三星堆遗址被誉为“长江文明之源”。

三星堆遗址的惊世发现，始于当地农民燕道诚于1929年在车水淘沟时偶然发现的一坑玉石器。燕家兄弟在挖水沟时发现三四百件古代玉石器，其中有玉璋、玉琮、玉璧、玉镯、玉圭、玉斧、石璧等，当时的古董商争相收购，取名“广汉玉器”。此后考古工作者在此处进行过多次科学发掘，并取得了丰富成果。

三星堆古蜀玉器文明从新石器时代晚期算起，历经夏朝的发展、商代的辉煌、西周的衰落，存续了近2000年。这个文明的核心区域始终在成都平原，是自成体系的古代文明标本。

三星堆玉器，以其独特的风格向世人展示了西南地区的文化内涵，同时，从这些古老精美的玉器中，我们又可以看到延绵不断的历史传承。但是由于三星堆文化的历史跨度较长，同一个文化在同一地点延绵不断地发展近2000年，所以要准确地断代，尚有一定困难，而且三星堆文化玉器出土的情况比较复杂，我们只能简单加以概说。

三星堆玉器，其玉料有产自蜀地的龙溪软玉（材质成分与和田玉相似）、琅山黑色岫玉，以及其他地方的玉石；其沁色不重，除个别是鸡骨白外，多数只出现在绺处；其线条，有的用硬具直接琢刻，更多的是用锥具带动解玉砂，一次一次琢成圆点连接成线，少数出现剔地阳纹，其中锥琢连线纹是该文化首创。此外，圆雕、镂雕玉器为数不少，其琢制玉器的方法及风格等，受齐家文化和夏、商文化影响，亦似受外来文化影响。此地是当时除殷商以外，又一个兴盛玉文化的地区，其器物甚至可与夏商玉器媲美。

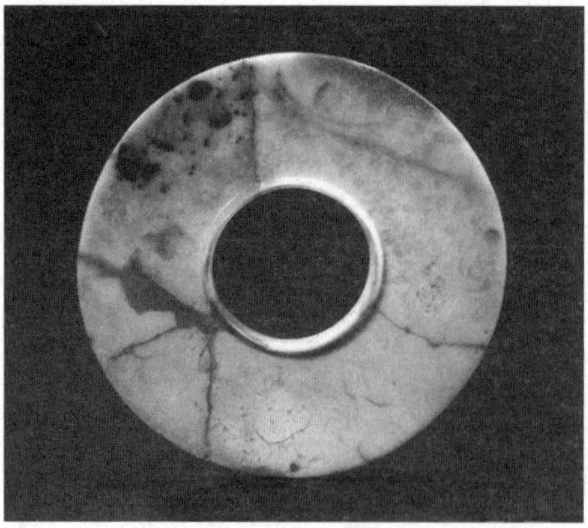
三星堆玉器 · 玉璧

三星堆遗址出土的玉器中以璧、璋为多，且形制最大；而在出土的璧、璋中，璋数量最多。

三星堆玉石礼器是自成系统的，即以璧、璋领衔，辅以琮、戈、瑗、环、斧、斤、凿、佩等，组成富有西南内陆盆地特色的古蜀玉石文化。所以，其璧特别硕大，“形如井盖”且“多为灰黑色沉积岩制成”。

对于广汉玉石璧的功用，同其质地的归属一样，至今众说纷纭，莫衷一是。概括来看，有货币说、衡权说、显示财富身份说及祭祀礼器说四类。

由于古蜀人有着自己的民族禀赋和文化积淀，因此在器物造型上多显示出雄浑、粗放、豪迈的风格。从出土文物看，特别是那些颇为壮观、成列成组的璧、璋体系，古羌－蜀居民的祀山、礼天、敬祖意识不亚于中原居民。这正是三星堆玉石文化特别浑厚博大，具有震撼力的谜底所在。

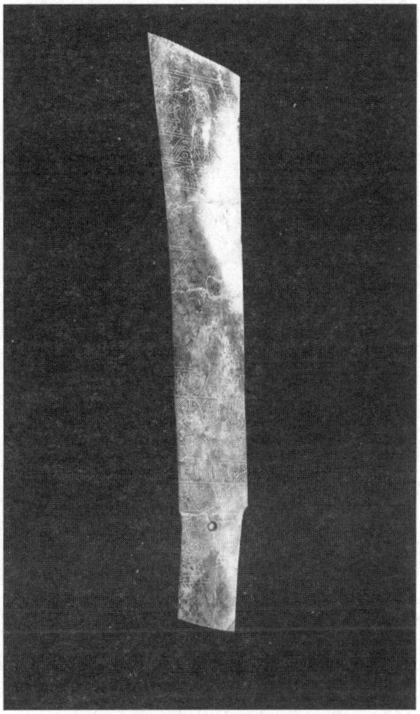

三星堆玉器·玉璋

三星堆玉器较之任何文化，都更为独特。以玉琮为例，良渚玉琮基本上只有一种纹饰，而三星堆除了基本型外，还有出廓圆雕龙纹的玉琮，或顶负空心虎的玉琮。二里头的牙璋也只发现一种造型，而三星堆的牙璋却变化多端，大多出廓在璋尖镂雕鸟头、人头、龙头，璋面浮雕或阴刻人物、动物、神物。仅此即可看出，三星堆玉石器是上古玉石器的集大成者。

三星堆玉石器是我国雕塑艺术史上的光辉一页，它从蒙昧到萌芽，从发展到完善的行进史中，形成具有狞厉之美、神秘之美、厚重之美、完整之美、造型之美的重要特征。其数量之大，制作之精，内涵之丰富，表明三星堆古蜀人对祭祀的重视，展现了其场面之隆重，地位之重要，影响之强烈，为上古时代所罕见。它构成了古蜀国文化所具有的注重造型艺术、吸收多元文化、强化精神观念的重要特征。它是古蜀先民思想、感情、审美观念的结晶，以及社会发展形象化的记录。同时，它也给今天的人们带来了无穷的艺术享受和创作启迪。

二、夏、商、周玉器

1. 夏代玉器

夏代，是中国的第一个阶级社会，它是新石器时期玉器的历史总结，其成果为商代玉器的发展奠定了基础。夏代玉器的风格，应是良渚文化、龙山文化和红山文化玉器向殷商玉器的过渡形态，这可从河南偃师二里头遗址出土的玉器中窥见一斑。

种类

生产工具有玉斧、玉铲、玉钺；装饰品有管、珠、尖形器；礼仪器有戈、圭、刀、柄形饰等。

造型

几何形器物，以直方形为主（如斧、圭、刀），绝大多数为光素。戈的造型规范，分二式：一式为尖锋，双刃，援与内相连处有叙线纹，无中脊，内上一孔；二式为尖锋，锋前端略起一段中脊，内部窄短，穿一孔。玉钺亦分二式：一式为长方形，两侧边缘出脊齿，刃略为弧形，造型当是龙山文化玉钺

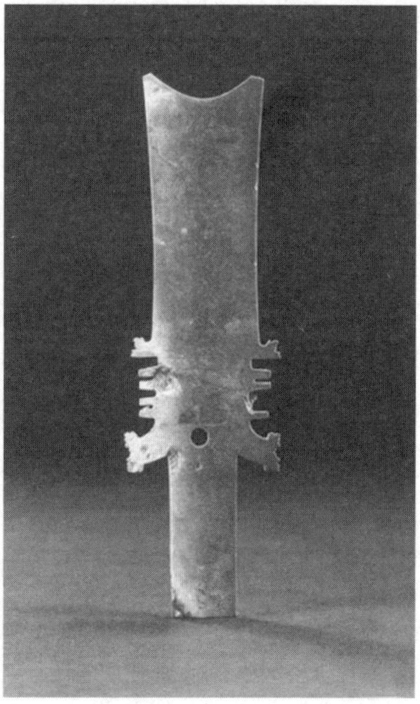

夏代玉器 · 南阳独玉牙璋(玉立刀)

的延续；二式的造型属于创新型，其重要价值在于它为商代同类器开了先河，它整体近圆形，顶端较圆，两侧直出数个脊齿，弧刃分成连续四段，每段为双面直刃，中间一大孔。玉圭均为平首形，分二式：一式中部有两道阳纹横直线纹，二孔，带有龙山文化玉圭的遗风；二式下部有以细阴线刻画的菱形四方连续式云雷纹，二孔。玉刀为长条梯形，分三式：一式长条梯形；二式两侧出脊齿；三式两端均刻细网格纹。牙璋体形较大，皆为歧首式，下部两侧出繁复的对称式阑，或在阑之间有数道阴线直线纹或网格纹。最大的牙璋长达 54 厘米。柄形饰开商周同类器之先河，分二式：一式长方棒形，光素；二式其上有浅浮雕似花瓣形纹及双阴线刻兽面纹，工艺极为精美。玉器纹饰造型主要有直线纹、斜格纹、云雷纹和兽面纹。云雷纹见于玉圭。兽面纹有橄榄形眼眶，圆眼珠，宽鼻翼，闭口。夏代玉器兽面纹造型的重要价值，在于为商周玉器、青铜器兽面纹做了准备。

工艺

夏代玉器工艺一般较规整，表面光滑。阴线纹的刻法上，按照一些现代琢玉技师的看法，当时已经使用砣轮式工具，根据线纹形式的不同需要，用四轮（后世称为“勾砣”）在玉器表面刻画出条条细阴线，此法通称为“勾”法。如在阴线沟槽的一个立面再用砣轮将它向外稍加拓展，形成斜坡面，叫作“彻法”，二者合之即“勾彻法”。勾彻法工艺的实施，使两条平行阴线线形产生了差异，因而具有层次感与活跃感。它较之新石器时代玉器的阴线纹，有了很大的形式上的进步，并为后世千年玉器阴线的工艺技法奠定了基础。

尤其需要指出的是，夏代的礼仪玉器中，兵器形玉器占了重要地位。这种突出“玉兵器”的现象，值得探讨。二里头出土的玉戈、玉钺和玉刀，都是作为“兵杖”形式出现的，它们象征着军权在战事中的胜利与凯旋。

作为中国奴隶制社会第一个朝代的玉器，夏代玉器是新石器时代玉器的历史总结，它的成果为商代玉器的发展奠定了基础。虽然我们所见的夏代玉器很少（可能最具代表性的玉器尚未被发现），但其中的一些造型（如刀、圭、戈、钺、柄形饰）与纹饰（如兽面纹），均成为商代玉器制作的根据。据此，夏代玉器在历史交替时期的承上启下的价值是显而易见的。

2. 商代玉器

商代是我国第一个有书写文字的奴隶制王朝。商代文明不仅以庄重的青铜器闻名，也以众多的玉器著称。为了满足奴隶主的特殊需要，商代制玉规模不断扩大，制作工艺也达到较高的水平，尤其到了商代晚期，玉器制作蓬勃发展，三星堆晚商祭祀坑中曾出土了长近一米的大璋和直径达 80 多厘米的璧。有古书记载，商代晚期玉器数量已是相当庞大，传说商纣王携带了 4000 件玉器自焚，周武王打进商朝都城朝歌时在其宫中截获上百万件玉器。

分期

商代玉器分早、中、晚三个时期。

商代早期玉器发现不多，也有人认为二里头遗址为其早期代表，品种少，玉器琢制工艺也较粗糙，造型简单，多无纹饰。中期以郑州二里岗为代表，玉器有璋、戈、璜、铲、簪等，造型简单，纹饰稀疏。玉戈形体较大，首次出土牙璋。

商代晚期玉器以安阳殷墟妇好墓出土的玉器为代表，共有 755 件，按用途可分为礼器、仪仗、工具、生活用具、装饰品和杂器六大类。妇好墓玉器注重选材，玉器中有三件为新疆和田玉，这说明和田玉在商代就进入了内地。商代出现了仿青铜彝器的碧玉簋、青玉簋等器皿。动物、人物玉器大大超过几何形玉器，玉龙、玉凤、玉鹦鹉、玉螳螂等神态各异，形神逼真。玉人或站，或跪，或坐，姿态多样，但谁是主人，谁是奴仆、俘虏，难以辨明。人物造型既生动写实，又极富想象力。

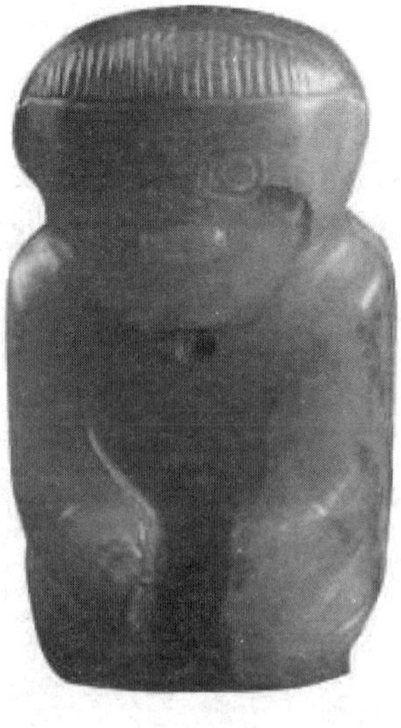

商代玉器 · 青玉跽坐人佩

工艺

最令人叹服的是，商代已开始出现大量的圆雕作品。圆雕玉人多呈跪形，双手捂膝，表情生动自然，服饰发型雕琢精细。还有一件阴阳玉人造型颇为奇特：赤身裸体，一面为男性，一面为女性。除玉人外，也出现圆雕动物作品，如圆雕玉虎四肢微曲，呈欲起行走姿势，虎口大张，虎牙外露，似乎正在怒吼，十分生动，虎身阴刻双勾云纹，卷尾。玉象、玉熊、玉鹰、玉燕雕琢同样非常精美传神。

代表作——俏色玉鳖、玉龙

商代尤其出彩的玉器数玉鳖和玉龙，在中国玉文化的发展历史中具有里程碑意义。

商代玉器·俏色玉鳖

商代已出现我国最早的俏色玉器——玉鳖，出土于河南安阳殷墟小屯村北地穴式房子内。俏色玉鳖共出土两件，一件昂首瞪目向前爬行的玉鳖，是利用一块褐色与肉红色相间的玉料雕成的，鳖甲、脚爪和双目呈褐色，圆润的腹部呈肉红色；另一只半龟缩状玉鳖，背甲处理成黑色，头、颈、腹和足均呈灰白色。根据玉材的色彩、形状、质地、纹理和造型特点，因材施艺，制成了惟妙惟肖的俏色玉雕，表现了商代玉工的精良技艺。

另一件代表器物——玉龙，其造型是中国传统龙的雏形。商代龙的特点是龙身短小粗壮，有圆柱体、片状体，浑厚简朴。龙分有角和无角两种，角呈直立或斜竖状。龙眼有方形、圆形，多无眼眶。龙多无足或只雕一只足，尾部尖锐或呈刀状。全身纹饰简单，仅以阴线刻云纹、鳞纹或套斜方格纹。商代晚期玉龙龙身较长，角形短粗立于颈上，龙背常有脊出现。眼形除方形、长方形外，还有圆形眼珠、菱形眼眶的“臣”字眼，有单线、双

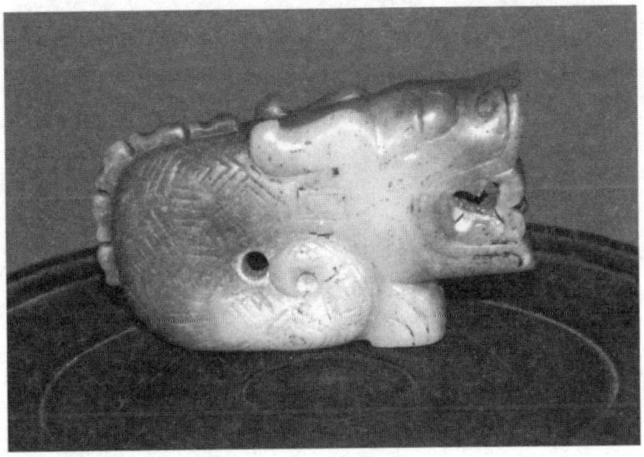
商代玉器·玉龙

线。龙多张口，有牙，上唇翘或向上卷叠，下唇平直。有一或两足。纹饰多为勾云纹、重环纹、斜方格纹等，而龙纹多雕在玉玦和玉璜之上。

商代玉器装饰品、佩戴饰品大量出现，写实玉器动物、人物多种多样，生活用品玉器也出现玉梳、玉扳指、玉调色盘、玉臼玉杵等，充分反映出商代玉器在原始以玉通天地祭鬼神的巫术、宗教意识的基础上，逐渐转化，注重现实生活和自然了。商代玉器的雕琢技法已进入成熟阶段，尤其线刻、圆雕、浮雕等技法运用完美、娴熟，造型丰富，纹饰精细，各种人物、动物形象生动神奇，写实逼真，可以说商代玉器雕琢工艺又走向一个新的高峰。

3. 周代玉器

西周早中期玉器造型风格基本沿袭商代特点，后期才开始变化，形成独特风格。周代非常注重礼制的建立，从而促进了礼仪玉器的发展。总体来看，西周玉器较商代种类减少，数量也减少，宝鸡茹家庄和三门峡虢国出土的玉器最具代表性。

此时生产工具少见，但礼仪用具严格而规范。

《周礼》中对礼仪用玉的形状、颜色都有严格的规定 ："以玉作六器，礼天地四方。以苍璧礼天，以黄琮礼地，以青圭礼东方，以赤璋礼南方，以白琥礼西方，以玄璜礼北方。" 玉器使用采用"六瑞"的规定，也就是说六种不同地位的官员使用六种不同的玉器，即所谓"王执镇圭，公执桓圭，侯执信圭，伯执躬圭，子执谷璧，男执蒲璧"，等级地位不同，所持礼器形状、大小、色泽都有差别。

周代玉器 · 玉琮

纹饰与工艺

这一时期纹饰环曲、华丽，布局严谨，风格独特。常见纹饰有饕餮纹、云雷纹、鸟兽纹、人体纹等。玉凤鸟在西周玉器中较常见，凤鸟纹是流行题材。如青玉双鸟纹刀是以双勾阴线雕琢两组鸟纹，鸟呈站立状，长尾上翘过头，刻线环曲自然，纹饰华美，是西周鸟纹玉器的精品。

西周玉器偏重玩赏，所以雕琢上采用片状平面体为主，浮雕及阴刻相结合，圆雕和镂雕为辅。纹饰雕刻，由单阴刻线向双勾阴线发展，晚期双勾阴线委婉流畅，图案繁缛。西周玉器在继承殷商玉器双线勾勒技艺的同时，独创一面坡粗线和细阴线镂刻的琢玉技艺，这在鸟形玉刀和兽面纹玉饰上大放异彩。

用途

西周玉器分礼仪仪仗器、装饰器和人物、动物玉器。礼器有璧、琮、璜、戚、戈、斧等；装饰器有玦、柄形器、串饰和配饰等；人物、动物玉器有玉鹿、玉虎、玉牛、玉鸟、玉蝉、玉鱼、玉龙等。

“君子无故，玉不去身。”西周时期，随着社会礼制的日臻完善，玉器不仅是贵族在进行祭祀、朝聘、征伐、宴享、婚配、丧葬等活动时的重器，而且是身份与地位的象征。特别是组合玉佩，将璜、环、珠等以彩绶贯之，由短及长，锵鸣清扬，为东周佩玉文化的兴盛奠定了基础。但从总体上看，西周玉器没有商代玉器活泼多样，显得有点呆板，过于规矩，这与西周严格的宗法、礼俗制度不无关系。

夏、商、周三代，是中华民族文化内核的成形时期，随着夏王朝一统天下，不同的制玉传统开始汇集于中原，河南偃师二里头出土的玉器就极具多元文化汇流的特征，不仅种类丰富，而且融南北东西制玉工艺之特长。商玉更汇聚了西部之玉材和东部之治玉技术，蔚为大观，成为中国玉器发展史上的第一个高峰，安阳殷墟玉器及王畿内所出土的玉器，最能代表商代王室用玉的盛况。周代宗法礼仪制度的完备和严格，则带来了一个时代制玉风格的发展和佩玉文化的兴盛。

三、秦汉玉器

1. 秦代玉器

秦是中国历史上第一个统一的中央集权制国家。秦代玉器虽具有较高水平，惜乎立国时短，数量不多，精品也少见。

秦人的玉器主要出土于西北地区的东周秦墓及早期秦郡雍城，数量不多，工艺也不算精美，但非常有特色。以串饰为主，纹饰的呈现则以龙纹、虺龙纹、凤纹、云纹、勾连云纹为主，雕刻技法采用阴刻细线，常在弧线弯曲处采用几何方形呈现，布局紧密，这些特色与中原、楚、越所产的玉器有所区别。秦国位处西部边境，立国之初接受周文化的影响，但玉器制作仍保持秦国质朴简丽的区域性特色。秦国崇尚五行水德，尚黑，因此偏好深色或青色玉材，器形方面则以礼器用途的圭、璋、璧或实用的配饰为主。秦代玉器主要出土于咸阳城址、阿房宫遗址以及黄河、长江流域的秦代墓葬。

秦人用玉崇尚质朴，讲求实用，这与秦人“杂处戎狄之间”的文化根源有关，更与秦人在扫平六国过程中兴刑名、贬儒术的政治思想，奖励耕战、抑制旧贵族的治国策略有关。一件出土的玉琮，较为清晰地反映出秦代玉器的特征。

玉琮边长 7 厘米，孔径 1.1 厘米，和田青玉，受沁泛黄色，表面抛光打磨。琮是外方内圆，应是由圆柱体和方柱体复合而成，琮心为圆形直孔。此件器物虽呈薄片状，但应是琮式的简化。礼器“以素为贵”，此玉琮做工简单，不同于佩饰玉器，反映出当时人们采用最质朴而高级的形式，来表达对神灵的敬畏之心。这件玉琮也为我们研究秦代玉器提供了珍贵的实物资料。

秦代玉器·玉琮

秦代玉器发展缓慢，究其原因：

其一，先天不足，基础不好。秦代文化是在周代秦国文化基础上发展起来的，但秦国缺乏优良的琢玉传统及技艺，因此影响到了秦代玉器的发展。

其二，立国时间短，风格没有形成。秦立国只短短 15 年，没有时间培养出一批琢玉高手。随着秦末农民起义和楚汉相争，刘邦和项羽都曾光顾咸阳城，大肆掠夺奇珍异宝。秦朝灭亡，秦国大量的玉宝器落入起义军首领或富豪手中，有的不知所终，有的可能混迹于汉玉中，需要认真分辨。

其三，秦宫廷玉面目还未揭开。宫廷皇室玉是一个时代玉器水平的标志，而秦代皇陵至今还未发掘。

但秦代也有一些利于玉器发展的因素：

重视收藏玉器，例如收藏有和氏璧、昆山之玉等；

重视祭典礼玉，秦始皇巡游，每到一地都要祭祀天地四方及列祖列宗，而祭祀必用玉；

重视陈设玉器；

重视玉剑饰，秦是一个崇武的国家，因此剑需求量大，剑多，玉剑饰必定也多。

秦代玉器具有战国至西汉的过渡类型色彩。秦代玉材亦有两大类：一为和田玉，用于琢制陈设玉器及装饰玉器，如阿房宫遗址出土的玉杯；一为地产玉，即产于秦国境域之内的玉材，与陕西蓝田玉和河南南阳玉系统较为接近，此类玉材主要用作祭祀玉器和丧葬玉器。秦代玉器据其用途，可分为祭祀玉器、陈设实用玉器及装饰玉器三大类。周代未曾见到成套的周礼玉器同时出土，却在秦代祭玉坑中出土了成套礼器（璧、琮、圭、璋、琥、璜），说明秦代对周代礼学还相当重视。玉坑中出土的玉人，四肢呈捆绑状，脸上毫无表情，头上有髻，与秦兵马俑相似，这应是用于祭祀的玉人，也是古代人殉制度在秦代的新形式。秦代有展示宝器的爱好，据文献记载，秦代的陈设玉器相当多，且体形巨大。秦代玉器的雕工及装饰技巧，既没有战国玉器的雍容华贵及玲珑剔透，又没有汉代玉器的精雕细琢及千纹万花，形体较为笨拙，花纹较为粗糙。从雕工及装饰方面观察秦代玉器，粗犷有余，细润不足。

2. 汉代玉器

汉代是我国封建王朝大一统的盛世，强大的国力促使手工业生产相当繁盛。汉代的玉器继承了战国时代玉器的传统，并有所变化和发展，达到了中国古代玉器发展前期的最高水平。

材质

汉代玉器的材质主要是软玉。汉武帝时，张骞出使西域，开通了闻名遐迩的“丝绸之路”，新疆和田美玉沿着“丝绸之路”源源不断进入中原，使得玉器制作业得到极大的物质保障，开创了和田玉主导后代玉器材质的历史潮流；同时，也改变了汉代以前玉器就地取材、使用当地较次玉材的境况，从而使得汉代玉器的质量有了根本性的提高。

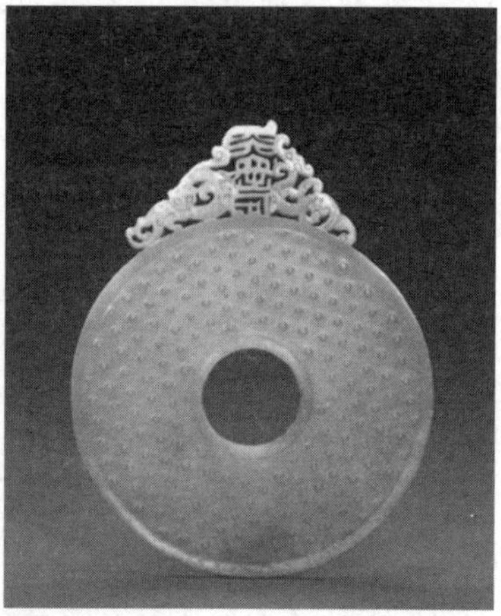

汉代玉器 · 玉“益寿”谷纹璧

纹饰

汉代玉器的纹饰主要以谷纹、蒲纹、卷云纹和各种动物纹(包括各种龙纹、凤鸟纹和兽首纹等)为主。汉代玉器上还出现了四灵图案(青龙、白虎、朱雀、玄武)作为纹饰，并经常在玉璧上出现。东汉玉器，细部多用阴线刻画，婉转流畅而动感有力，更加细腻精致而少了西汉的古朴和刚健。

工艺

汉代基本上继承了战国时代的治玉技术，但又有所改进。汉以前的玉器多是扁平玉片，上加浅浮雕，汉代玉器中高浮雕和圆雕增多了。汉以前玉器纹饰的制作技术，主要利用细砂研磨成浅浮雕的花饰。汉代由于技术的改进，镂空花纹和表面细刻线纹增多了。浮雕和素面玉器的表面抛光技术也有所提高，如满城汉墓出土的玉器表面已磨得像玻璃一样光滑，器物的轮廓线和刻纹，也都显得非常流利。

汉代玉器在技法上最突出的是“汉八刀”和“游丝毛雕”。风格简练流畅，神态逼真，宛如八刀而就，这种表现手法常被人们称为“汉八刀”，特别以玉蝉、玉翁仲、玉猪为代表。“游丝毛雕”指的是汉代玉器上出现的一种阴刻线，其线条形若游丝，细如毫发。汉代玉器中艺术价值较高的应属圆雕作品，通常用料上乘，琢磨精细，表现手法注重写实，以玉雕牛、羊、马、鸟等最常见。

种类

汉代的玉器种类颇多，按社会功能和用途的不同，可以分为：日用器、装饰品、艺术品、辟邪用玉、礼仪用玉和丧葬用玉。

其一，日用器。

传世的有奁、洗、卮、灯、耳杯等，但真伪难以鉴定。出土的器类有高足杯、角形杯、带托高足杯、盒、枕、带钩、印章等。其中高足杯共出两件，一件为素面，另一件杯身饰谷纹和勾连云纹。角形杯、带托高足杯和玉盒为西汉南越王墓所出。带托高足杯由高足杯、杯托和承盘三部分组成，杯身饰谷纹、花瓣纹等，杯托中的玉垫为透雕六瓣形，这是已发现的构造最为精致、复杂的玉杯。玉盒为圆形，饰浅浮雕和线刻花纹，盒盖上有活环。汉代玉枕有用长方形玉板镶拼而成的，也有用整块玉料雕成的。东汉中山王刘焉墓中出土的玉枕，用整块青玉雕成，枕面及两侧饰浅刻阴线变形云纹，重达13.8千克。玉带钩出土不少，工艺水平较高的有南越王墓出土的龙虎并体带钩和龙虎合体带钩。前者透雕，钩首为虎头，钩末为龙首，龙虎双体并列，龙首、虎爪共托一环；后者为龙虎合体形，通体由七截玉料雕琢而成。

其二，装饰品。

可分为人物玉饰和器物玉饰两大类。人物玉饰主要是佩玉，计有璜、环、琥、珑等，还有商周以来用于解结的觿和射箭时用的钩弦，到汉代也演变为装饰用的佩玉。玉环的纹饰优美多样，在佩玉中占有重要的地位。南越王墓出土的透雕龙凤纹玉环，线条流畅，纹样优美，工艺水平很高。此外，束发用的玉笄，有的透雕凤鸟卷云纹，也属随身的装饰品。装饰在器物上的玉饰，以剑饰最为重要。汉代的“玉具剑”，剑首、剑格以及剑鞘上的剑璏和剑珌皆用玉料制成，四种玉饰的雕刻技法和纹饰题材往往是一致的。高浮雕的螭虎纹，是剑饰中常见的纹饰之一。此外，铜枕、铜杯、铜卮、铜铺首以及铜瑟枘等，也有镶嵌线刻或浮雕玉饰的。

其三，艺术品。

汉代圆雕的工艺美术品数量虽不多，但表现了汉代玉器造型艺术的高度水平。汉元帝渭陵附近出土的玉鹰、玉熊、玉辟邪和玉奔马，是一批难得的艺术珍品。其中玉奔马用白玉雕成，呈奔腾前进状，马上的羽人双手扶着马颈，全器雕琢精巧，造型生动逼真。还有一些小型的动物玉雕，有的有小孔，可能作为佩玉用。徐州东汉墓出土的一件小玉饰，雕琢成大鸽喂小鸽的形象，十分生动可爱。另外，河北省定县东汉墓出土的一件小玉屏，由四块玉片组成，透雕东王公、西王母以及人物、鸟兽等纹饰，也应是陈设用的工艺品。

玉仙人奔马为汉代玉器精品，由白如凝脂的和田玉精心打造而成。马昂首张口，竖耳挺胸，踏云乘风遨游于空中。马背上骑一仙人，手持灵芝，似正欲追寻极乐的天国仙界，充满奇幻迷离的浪漫气息。汉代曾从西域大宛获得汗血马，据说日行千里，号称天马，而两汉羽化登仙观念盛行，仙人骑天马正是当时特定历史背景的如实写照。

汉代玉器 · 玉仙人奔马

其四，辟邪用玉。

汉代人们用来辟邪压胜的流行饰品中，玉刚卯（严卯）、玉翁仲、玉司南称为辟邪三宝。

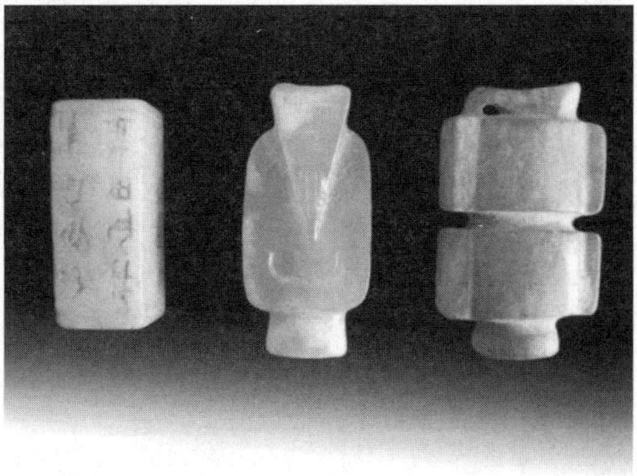

汉代玉器・玉刚卯（严卯）、玉翁仲、玉司南

玉刚卯一般为一对，形制相同，为长方体，中有孔，可穿绳佩挂，器面刻吉祥语句，用以驱邪，是古代的护身符。汉代流行的形制一般长约 2 厘米，宽约 1 厘米，后世有仿品。

玉翁仲体扁长，为半圆雕。翁仲造型简单，头顶有长发髻；脸长，以阴刻线饰双目和口；腰间以两道粗横弦纹表示拱手；着长袍，直立正视。翁仲腰间有穿孔，可系佩。

玉司南是汉代一种形态特殊的器形，形若用于正方向、定南北的司南，是汉代辟邪玉器之一，数量不多却很重要。司南佩形若“工”字，扁长方体，分上下两层，为两长方柱相连形，横腰环一凹槽，玉质精美，玲珑小巧，顶部琢一小勺，下端琢一小盘，全器光素无纹，可穿系佩挂。

玉司南除辟邪压胜外，还有广闻博学的寓意。杨齐宣的《晋书音义序》记载：“由是博考诸传，综览群言，研核异同，撰成《音义》，亦足以畅先皇旨趣，为学者司南。”玉司南在东汉最为流行，其后逐渐衰微，宋以后有仿品。

辟邪是传说中的神兽，汉代始流行于中国。古代帝王陵寝前常有大型石刻辟邪守护，汉代玉器中也出现了辟邪形象。图中的青玉辟邪来自陕西宝鸡，它举首怒吼，挺胸突臀，两翼内合，前足直伸，后足直立，威武凶猛，似有拔天撼地、驱邪逐魅之气概，大汉帝国气宇轩昂的精神特质表露无遗。

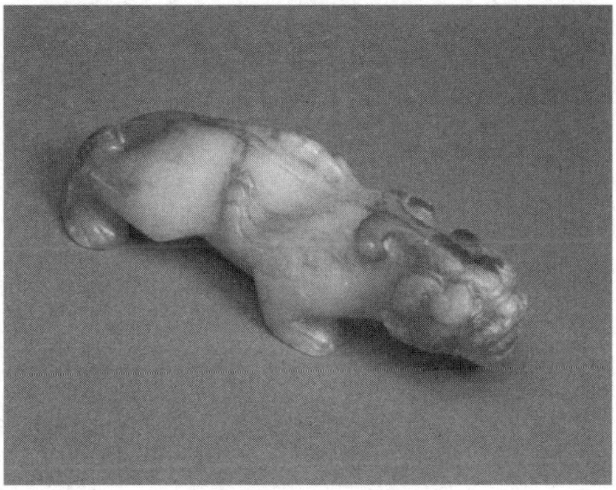

汉代玉器・青玉辟邪

其五，礼仪用玉。

汉代用于礼仪的玉器，从文献记载和考古资料来看，和先秦时期有所不同。《周礼 · 春官 · 大宗伯》所载用于“礼天地四方”的璧、琮、圭、璋、琥、璜，都属礼仪用玉。但到汉代只有璧和圭仍然作为礼仪上使用的玉器。玉璧在汉墓中出土很多，玉圭则从西汉中期以后逐渐消失。汉代玉璧的花纹，除了传统的蒲纹和谷纹外，还流行在蒲纹或谷纹的外面加饰一周兽纹或鸟纹。南越王墓出土的一件玉璧，在谷纹的内外各有一周线刻兽纹带，直径达 33.4 厘米，在汉代玉璧中是罕见的。此外，还有一些玉璧，在周缘之外另加一组或几组透雕动物纹，如满城汉墓出土的一件谷纹璧，外缘有透雕双龙卷云纹附饰，纹样优美生动，是汉代玉璧中的珍品。东汉时期的这类玉璧，有的在透雕动物纹附饰中还出现“长乐”“宜子孙”等透雕字样。这种外缘附加透雕纹饰的玉璧，除作为礼仪用玉外，还起着装饰的作用，其中镂刻吉祥语的小型玉璧，还可能用作佩玉。这说明汉代玉璧，在造型、纹饰和功用等方面较先秦时期有了较大的发展。“六器”中的琥和璜，汉代虽然还存在，但已是作为装饰用的佩玉了。璋和琮，在汉代可能已不再制造和使用。汉墓中偶然出土的玉琮，也已是利用旧玉改制成具有其他用途的玉器了。如满城汉墓出土的一件玉琮，已被改作九窍塞之一的生殖器罩盒。江苏省涟水汉墓出土的玉琮，上有鎏金的银盖，下有由四只展翅银鹰托着的鎏金银底座，已成为一件精美的工艺品。

汉代玉器 · 玉镂雕谷纹“长乐”璧

其六，丧葬用玉。

汉代，人们认为玉石能使尸骨不朽，所以用于丧葬的玉器在汉玉中占有重要的地位。丧葬用玉主要有玉衣、玉九窍塞、玉琀和握玉。玉衣是汉代皇帝和贵族死后所穿的殓服，外观和人体形状相同。完整的玉衣由头罩、上衣、裤筒、手套和鞋五部分组成，每部分都由许多小玉片编成。根据等级的不同，用于编缀玉片的分别为金缕、银缕或铜缕，个别还有用鎏金铜缕或丝缕编联

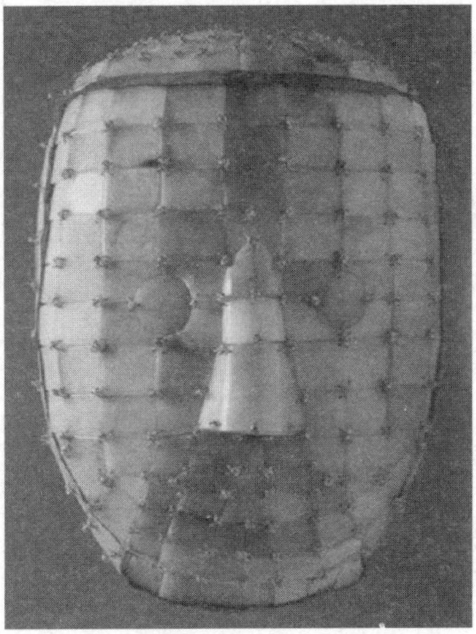

汉代玉器・玉头罩

汉代玉器・玉蝉

的。满城汉墓所出的两套金缕玉衣，是考古发掘中第一次发现的保存完整的汉代玉衣。金缕玉衣体积大，结构复杂，经过精心设计制成，是汉代治玉工艺高度发展的产物。玉九窍塞是作为填塞或遮盖耳、目、口、鼻、肛门和生殖器九窍用的，这些玉制品皆为素面。玉琀一般作蝉形，置于逝者口中。玉蝉的使用历史较长，在新石器时代的红山文化、良渚文化、石家河文化遗址中都有发现，其后至汉代的各个时期，蝉都是玉质作品中的重要题材。玉蝉的用途主要有两项：一为佩饰，流行于商之前；汉代玉蝉多为逝者口中的含玉，称为“琀”。在逝者口中置玉是古代的一种入葬习俗。战国早期曾侯乙墓中出土的玉琀为一组小牲畜，汉代墓葬中出土了较多的玉蝉，其上多无穿绳挂系之孔，用蝉作琀有祝愿逝者蜕变再生之意。至于逝者手中的握玉，在西汉中期以前多作璜形，用玉璧改制而成，到西汉中期以后，逐渐流行为玉猪。逝者手握玉猪的习俗，在东汉和魏晋南北朝都很流行。玉蝉和玉猪的造型变化不大，刻纹也都比较简单。此外，葬以玉衣的逝者，其胸背往往铺垫许多玉璧。这些玉璧也应属于丧葬用玉。满城汉墓所出的漆棺，棺的外壁镶嵌 26 块玉璧，内壁镶满玉板。这种内外镶玉的漆棺虽然很少发现，但也说明玉在汉代丧葬习俗中所占的重要地位。

四、三国两晋南北朝玉器

1. 玉器发展的过渡阶段

魏晋南北朝从公元220年至公元589年，这一时期社会动荡不安，战乱纷起，政权更替频繁。处在这样的社会条件下，玉文化的发展受到抑制，从汉代玉器的辉煌期进入了玉器发展的低谷期。中国玉器发展史也从此告别了“王玉时代”，玉器逐渐以装饰玉、实用赏玩玉为主，并走进了商品领域。

质料

魏晋南北朝时期，战争连绵不绝，交通不畅，玉材来源受阻，数量不足，动摇了玉器制作的物质基础。

《北史 · 西域传》记载：“于阗国，在月末西北，葱岭之北二百余里，东去鄯善千五百里，南去女儿国三千里城东三十里有首拔河，中出玉石。”《梁书 · 诸夷传》记载：“朅盘陀国，于阗以西小国，产金，玉……王姓葛沙氏。”文献中所记载的于阗国、朅盘陀国都是盛产优质玉料的地区，可是连年的战争，玉石之路小国林立，致使“昆仑玉不能至矣”。大量优质的玉料无法运到内地，造成玉料紧俏。所以这一时期的玉器材质除了小部分和田玉，更多的是地方玉、玛瑙、琥珀、滑石、绿松石、青金石等。

用途

魏晋南北朝时期玉的主要用途有生活用具、陈设用品、装饰用玉、礼仪用玉和丧葬用玉。

生活用具包括玉印、玉带钩、玉棋子、玉小方牌、玉樽、玉卮、玉耳杯和玉盏等。这些玉器的制作都较精致，既有实用价值，又有装饰意义。

随着东汉末年佛教的盛行，出现了用玉制成的佛造像。此外，陈设用玉还有玉辟邪、玉瑞兽等，目前所见多为传世品。

装饰用玉包括璜、环、玦、云形玉珩、梯形玉佩、半月形玉佩、心形玉佩、玉虎、玉剑饰、玉串饰、玉坠等。玉璜、云形玉珩、梯形玉佩和半月形玉佩的数量较多，它们组成的成套佩饰是这一时期常见的玉组佩形式。汉代全套的玉剑饰包括剑首、剑格、剑璏和剑珌，大多出自级别较高的诸侯王墓中，魏晋南北朝时期玉剑饰的数量和种类大大减少，仅见玉剑首和玉剑璏。

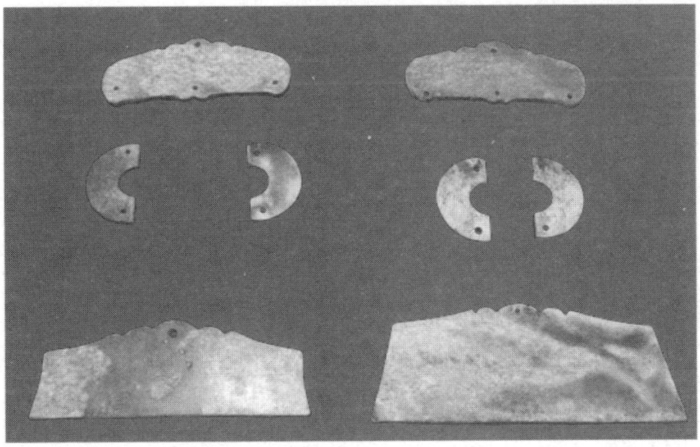

魏晋南北朝玉器・玉组佩

魏晋南北朝礼仪用玉的用途虽不见于文献记载，但其形制与两汉相同，其意义也应一致。此期的礼玉数量与汉代相比进一步减少，说明传统礼玉的使用已近消失。

自三国曹魏时起朝廷明令禁止厚葬，薄葬之风兴起，这导致魏晋南北朝时期的丧葬用玉大大简化。玉衣在这个时期已经不再制作，九窍玉也很难找到成套的，玉琀、玉握的制作水平也不如以往。

魏晋南北朝玉器的纹饰风格有三个特点：一是汉代玉器纹饰风格的沿袭；二是唐代粗阴线纹饰的肇始；三是玉器以素面为主。

魏晋南北朝时期，政治割据，战争不断，对人力资源枯竭式的使用直接导致从事玉器手工业的人员大量减少，工艺基本上沿袭汉代的风格，但已逐渐衰竭，大多做工简略朴素，精工者极少。这一时期玉器的风格特点是素简：用途简化，装饰简单，是中国玉器发展的过渡阶段。

以前认为三国两晋南北朝的制玉工艺处于停滞状态，但从近几年发掘的几座保存完好的墓葬来看，出土的玉器也不乏精美者，如刘弘墓中的玉樽、玉卮，若干云墓中的玉带等，均堪称佳品，可与汉玉媲美，这说明制玉工艺并没有停滞，仍在缓慢地发展。

2. 食玉文化

值得注意的是，由于魏晋时期玄风盛行，以为食玉可以长生不老，在这一时期神仙传记多有食玉的记载。《河图玉版》云："少室之山有白玉膏，服之成仙。"《十洲记》云："瀛洲有玉膏如酒，名曰玉醴，饮数升辄醉，令人长生。"《抱朴子》云："生玉之山，有玉膏流出，鲜明如水精，以无心草和之，须臾成水，服之一升，长生。"在后来的医书上也有此类记载："捣如米粒，乃以苦酒焙消，令如泥，亦有合为浆者。"（李时珍《本草纲目 · 玉屑》，转引陶弘景语）。"作玉浆法，玉屑一升，地榆草一升，稻米一升，取白露二升，铜器中煮米熟，绞汁，玉屑化为水，以药纳入，所谓神仙玉浆也。"（李时珍《本草纲目 · 玉泉》，转引青霞子语）

以科学的眼光去看，以上记载当然是仙家的荒诞之语，但玉有某种药用功效，有益于人体健康则是真的。一般认为玉性"甘平无毒"，可"润心肺""除胃中热"，能"止烦躁""止喘息""止渴"。

当时食玉对整个两晋时期玉文化的影响究竟有多大已经无从考证，有些人甚至认为这一现象的出现，直接导致玉器发展进入低谷。从出土文物来看，这一时期的玉器质地相对较差，很少出现那种质地细腻光滑、颜色纯正的玉器，这一时期白玉很少流传下来。

五、隋唐玉器

在中国历史上，隋唐是我国封建社会的强盛时期。这一时期国力强盛，经济发达。此时，东西方有着密切的政治、经济和文化交流，外来文化进入中国，给中国人带来了许多新鲜的事物与观念，这也反映在玉文化的发展上。受到波斯文化的影响，隋唐玉器出现了一些新的造型和图案。佛教题材玉器有飞天，肖生玉有立人、双鹿、寿带、凤等，这些都受到当时绘画与雕塑艺术的影响。此时玉器加工技艺已趋成熟，砣法简练遒劲，突出形象的精神和气韵，颇有浪漫主义色彩。尤其是立体肖生形象的肌肉转折处理能收到天然得体的良好效果。在这个时期已普遍采用和田玉，也就是我们所说的“西方玉属”。和田玉温润晶莹的特性在各种玉雕人、动物造型中也得到了充分的体现，从而使形象美与玉材美和谐地融合为一体，提高了玉器的艺术性和鉴赏性。隋至盛唐的玉器，不论简雕还是精琢，其处理都恰到好处，均可达到气韵生动的艺术境界。

1. 隋代玉器

装饰品有钗、璜、珠、戒指、笄、龙首饰等；礼仪器有琮、函；日用器有盏、金口玉盏；其他有猪、兔、龙首等。器物造型以几何形为主。玉器均为光素。玉器材质以玉为主，辅以玛瑙、玉髓、绿松石、蛋白石、水晶、琥珀等。琢磨技艺较精细规整，盏的圆度很精密。动物形象为圆雕，刀法简练，风格粗放。

隋代玉器 · 金扣玉杯

隋代玉器代表作是著名的金扣玉杯。1957 年陕西省西安市李静训墓出土，高 4.1 厘米，口径 5.6 厘米，底径 2.9 厘米。此杯为直口平唇，深腹，下有假圈足，平底实足。口部内外镶金一周，金沿宽 0.6 厘米。杯用白玉制成，保存完整，造型、制作均很精美。从这件镶金边白玉杯看，隋代已有了很精湛的玉器制作技术。

隋朝历史很短，不足 40 年，却是一个承前启后的朝代，为大唐帝国的创建奠定了根基。在玉器史上，隋代玉器工艺虽无独特的建树，却为一个新的玉器时代拉开了序幕。

2. 唐代玉器

唐代玉器是在魏晋南北朝玉器大衰落和隋代略有发展并有一定复苏和变化的基础上发展起来的。由于唐帝国政治大一统、经济从复兴至昌盛、东西文化密切往来等原因，除所用玉料和制作方法与战国、秦汉相似外，其他方面则犹如进入另一新天地。玉器在唐代重新焕发了青春。

质料与造型

玉质以白玉、青玉为主。白玉中很多系新疆和田玉。除玉外，还有少量玛瑙、水晶、琥珀、珊瑚、绿松石、大理石等。器物造型分几何形与人物、动物，纹饰造型有花朵纹、花鸟纹、龙纹、凤纹、伎乐纹、莲瓣纹、云纹、狮纹等。

工艺

器物以片雕与圆雕为主。纹饰雕刻主要是阴线刻与浅浮雕两类。阴线组的线纹特点是细劲繁密、直线与曲线共用。所用工具是极细的小型勾砣，这种勾砣旋转速度很快。浅浮雕工艺，以玉带板纹饰为代表，其方法是：先用减地法雕出形象轮廓，然后在其上加刻细阴线完成造型。浅浮雕的高度，一般为 0.1 到 0.3 厘米。圆雕造型具有简洁圆润、朴雅大方的特点。

装饰

隋唐玉器在装饰材料上，金玉并用，色泽互补，金镶玉质，形成绚丽多彩的面貌。在玉器上出现黄金饰件，始见于战国至汉代，当时的黄金饰件主要作垂勾之用，如金链串玉佩、金玉带钩等。隋唐用黄金玉饰，虽也有特殊的功能作用，但主要做装饰之用。

唐代玉器在装饰图案纹样上，广泛采用花卉纹，这要比绘画先行一步，因为绘画史上花鸟科的形成要在元代以后。花卉图案非常完整，花蕾、花叶、花茎一应俱全。与花卉纹同时流行的还有如意云纹，常饰于人体、花、鸟旁。

唐代玉器在装饰手法上，主要采用细密阴线与网状细阴线表现图案的方法。唐以前的玉器装饰，主要通过线条来展示纹样，表达艺术主题。

用途

唐代玉器按社会功能和用途可分为日用器、陈设品、装饰品和礼仪器等。

日用器有杯、耳杯（羽临）、臼、杵、熏炉、盒、罐、盘、梳、钵等；观赏陈设品有佛像、菩萨像、牛、羊、猪等；装饰品有钗、戒指、镶金玉镯、玦、珠、璜、飞天、笄、坠饰、步摇、耳坠等；礼仪器有带銙（古字，古代腰带上的饰物）、玉册、哀册、琀、圭、圭璧等。

特别要说明的是，唐代的礼仪玉，已不用周代的琮、璧等“元器”，禅地玉册与哀册盛行。

禅地玉册，呈简牍状，多五简为一排，以银丝连贯，册文作隶书。玉哀册是帝王下葬时的最后一篇悼文，是称颂帝王功绩的文辞。玉哀册呈扁平片状，但均较宽长，表面磨平，正面刻楷书文字，字内填金，背后顺序编号。

唐代佛教玉器主要有玉佛和玉飞天两种。玉飞天在传世玉中较多，多为女性形象，其形体可与敦煌壁画飞天相媲美。

唐代宫廷用玉实际都是装饰玉，不过这种高贵的装饰玉不流行于民间，

唐代玉器・禅地玉册

唐代玉器・玉飞天

只在宫廷使用，所以我们将其归入宫廷玉器类。唐代宫廷用玉主要有玉带板和玉首饰两大类。器皿玉器始见于商代，由于社会及技术方面的原因，直到唐代才有长足发展。唐代的摆设玉器，实际多半是肖生玉器，形象多为动物形象。唐代摆设玉器中的人物，既有中原人，也有西域人。

代表作——俏色玉雕

兽首玛瑙杯，通高 6.5 厘米，长 15.6 厘米，口径 5.9 厘米。用酱红地缠橙黄夹乳白色缟带的玛瑙制作，上口近圆形，下部为兽首形，兽头圆瞪着大眼，目视前方，似乎在寻找和窥探着什么，兽头上有两只弯曲的羚羊角，而面部似牛，所以不能认为造型完全出自写实的手法，但看上去安详典雅，并无造作感，兽首的口鼻部有类似笼嘴状的金帽，能够卸下，内部有流，突出了兽首的色彩和造型美。此杯琢工精细，通体呈玻璃光泽，晶莹瑰丽。

兽首玛瑙杯，是至今所见唐代唯一的一件俏色玉雕，也是唐代玉器中做工最精湛的一件，此杯选用世界上极为罕见的红色玛瑙琢制，这件以深红色、淡红色为主色调的红玛瑙，中间竟夹有一层淡白，如此神奇自然的变化，如此鲜润可爱的色泽，使这块红玛瑙成为世间稀有的俏色玉材。

这件国之重宝，象征着财富和权力，是一件高贵的艺术品，同时它也很可能是中西亚某国进奉唐朝的国礼，意义非同一般，是在东西方文明碰撞的火花中诞生的一件重要文物。

此时唐代玉器造型与用途出现新特点：唐代玉器造型与用途趋于统一，功能明显，这与早期玉器造型与用途有时相脱离、一器多用明显不同。旧的礼仪玉退出舞台，出现新的礼仪玉，丧葬玉几乎绝迹，佛教玉器、实用玉器皿、摆设玉大行其道。

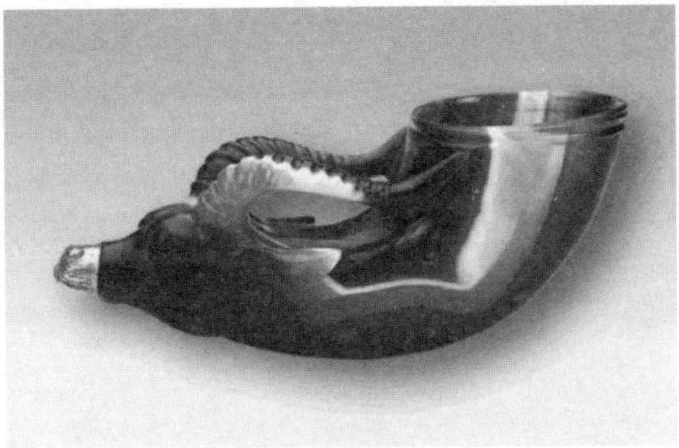

唐代玉器·兽首玛瑙杯

唐代从公元618年开始到公元907年，有近300年的历史。其间国力强盛、政治稳定、文化繁荣，是世界公认的中国最强盛的时代之一。在这样的历史大背景下，唐代玉器也一扫魏晋南北朝玉器大衰落的阴霾，产生了脱胎换骨的变化，其浓厚的生活气息和独特的时代风格，在中国悠久的玉文化史上留下了光辉灿烂的一页。

六、辽、宋、夏、金、元玉器

宋代承五代大乱之余，在中国文化史上却是一个重要时期。宋、辽、金既互相挞伐又互通贸易，经济、文化交往十分密切，玉器制作艺术共同繁荣。宋徽宗赵佶的嗜玉成瘾，金石学的兴起，工笔绘画的发展，城市经济的繁荣，写实主义和世俗化的倾向，都直接或间接地促进了辽、宋、夏、金、元玉器的空前发展。

1. 辽代玉器

辽雄踞我国北方，是具有相当文明程度的契丹族建立的政权，在与内地的长期交往中，一方面大量吸收汉文化中的先进因素，另一方面又保存和发展了本民族的传统文化，两者互相融合，相辅相成，形成各自特有的文化风格，是中国古代文化的重要组成部分。

考古发现的辽代玉器较少，其玉器种类主要有玉飞天、玉带、玉水盂、玉盒、玉砚、肖生玉器、玉佩及一些水晶、玛瑙、琥珀制品。其创作题材大多选自日常常见的事物，写实性很强，具有一定的美术鉴赏价值。辽代玉器主要具有以下一些特色。

质料

辽代玉器大多采用白玉制作，有的微有杂斑，应为新疆和田所产。青玉亦有少量使用。辽代中期以后，玛瑙、水晶的使用逐渐增加。玛瑙分白色、红色两种。有的玛瑙有红白相间的自然纹理，绚丽夺目。朝阳北塔出土的一件玛瑙杯，犹如礼花状的梦幻般的自然纹理，令人叹为观止。水晶则全部为无色透明。

工艺

辽代玉器均经打磨抛光，唯光洁之程度视不同器物而有所差别。辽继承唐以来的治玉传统，对玉、水晶、玛瑙因材施玉，琢制方法各有不同。就玛瑙而言，多用来制作器皿、牌饰、管饰、珠饰，在琢出器形后，加以抛光即成，不加任何纹饰，以其所具有的天然纹理取胜。水晶制品也是如此。但以水晶琢制圆雕动物小坠饰时，多以宽深的阴刻线勾勒动物的形体轮廓。因此，辽代玛瑙、水晶制品的琢制，就工艺而言，相对比较简单。最能全面反映辽代玉器工艺成就的，应该是青、白玉制品，圆雕、片雕、浅浮雕、镂雕、俏色等治玉工艺，以及借助阴刻线表达细部的表现手法，在青、白玉作品上得到了全面的体现。总的来说，辽代的青、白玉制品，以圆雕作品居多，片雕、镂雕作品相对较少，浅浮雕及俏色则更为少见。圆雕、浅浮雕、镂雕及阴刻线表现手法与唐、金、宋玉器有别，俏色玉仅见于白音汉窖藏出土的圆雕小熊，其头部毛发及尾部尚留存黄色的玉衣，不仅使整个玉雕更添亮丽的色彩，将玉料的损耗减至最低，也反映出制玉人因材制作的匠心和相当高的琢玉水平。

文化构成

辽代玉器从其所反映的文化特征来看，可分为四类。其一为具有契丹民族特色的玉器。如臂鞲、带“T”形和心形坠饰的项饰、胸饰、臂饰、嘎拉哈，圆雕动物熊、天鹅、雁，首次被用来作为玉器题材的蝎子、蛇、蟾蜍、猴子、蜥蜴等。其二是仿自中原的造型，如玉带、圈足碗、圈足杯，以及龙、凤、鸳鸯、鸟、蝴蝶、兔、龟、鱼、荷花等纹饰或造型。其三是具有西方文化特征的玉器，如四曲海棠花式杯、玛瑙花式碗、四曲水晶杯，以及孔雀、狮子等造型，白音汉窖藏的十六曲玛瑙碗刻饰的水波纹，则反映了萨珊工艺的特色。其四是渊源于佛教的造型，如飞天、摩羯、海螺、塔、金刚杵、斧等。辽代玉器包含了契丹文化、中原文化、佛教文化、西方文化的诸多因素。

2. 宋代玉器

宋代是中国玉文化发展史上的一个重要时期。经过五代十国漫长的玉器生产低潮之后，国家的统一带来了经济文化的繁荣。宋代玉器生产骤然升温，这时，民间玉雕行业初具规模，玉器市场应运而生，汴梁(今开封市)、扬州、杭州都出现了专门经营玉器的店铺。

质料

宋代所用玉材中和田白玉、黄玉、青白玉占主流，还有地方玉、水晶、玛瑙等。

工艺

宋代重视传统文化，加上地下出土的古物增多，兴起了一股复古思潮。从宋徽宗到宋高宗，统治者对古物尤其是古玉器很感兴趣，搜集很多。封建统治者的这些行为，对宋代考古之风的形成乃至整个社会对古玉器的鉴赏，都产生了很大影响。宋代玉器受当时的绘画艺术影响甚深，清新雅致，形神兼备，极具文人情趣。其制作工艺有以下特征：

第一，圆雕人物、动物刀法纯熟，造型生动，栩栩如生。

第二，开深层立体镂雕制作之先河，为元明清三朝镂雕工艺提供先例。

第三，阴刻线比唐粗疏，但委婉流畅，用于服饰上使衣袖有飘动感。凤鸟翅羽、鱼类鳍尾以及花叶多用根根挺拔的直阴刻线刻画。

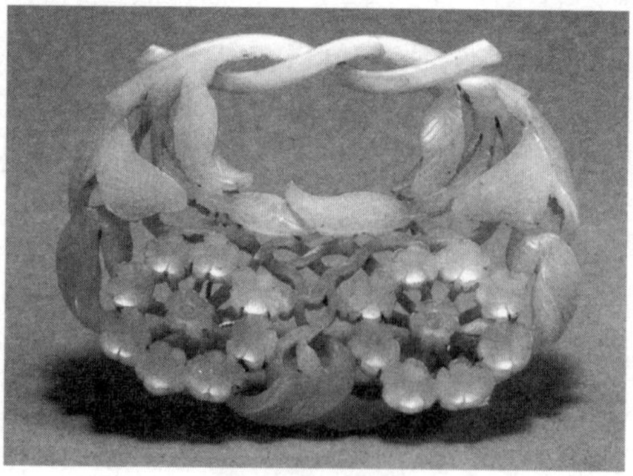

宋代玉器 · 玉透雕聚八仙花

第四，能巧就玉材之色泽，而施以适宜之雕刻，这种工艺被称为巧雕，玉被称为俏色玉。俏色玉最早出现在商代，汉代也偶尔有见，宋代这种工艺则被广泛运用。

在中国玉雕史上，花卉形玉器以宋代最为精美。宋代玉器的艺术化倾向，表现为以下两方面：

其一，从唐代开始的花卉纹玉器到宋代得到了长足的发展，几乎可以说形成当时一门专琢花鸟形玉器的治玉工艺。宋代花鸟形玉器与当时绘画艺术相互影响，共同谱写宋代艺术篇章。宋代的花鸟形玉器多呈写实风格，花朵、花瓣、花茎一应俱全。

其二，图画玉雕的出现。玉图画包括有背景的隆起和立体的图画玉器，由背景和画面两部分组成。这种绘画性玉器见于宋代，至清代达到顶峰，是绘画艺术与雕塑的完美组合。最能反映宋代佩饰玉水平的要推各种雕工精细、形态优美的花鸟形玉佩。

纹饰

宋代玉器上的许多装饰纹样，具有明显的时代特征，其中有一些纹饰特征还影响到元、明以至清代，因此了解这些纹饰及其使用，对研究、识别宋代玉器是非常必要的。

其一，云纹。

宋代玉器、铜器上的云纹很多，《三礼图》中也有图示，大致有以下几种：三歧云，分为云头、云尾两部分，云头部分有三朵小卷云，两朵在下卷向两侧，另一朵在两朵的交连处，云尾如飘拂状，端部极尖，尾的中部有一道纵向中线；单歧云，分为云头、云尾两部分，云头近似梅瓣形，向右侧卷，云尾短而尖，如飘拂状；双歧云，云头部分分叉，卷向两侧，短尖尾，飘拂状；灵芝云，这种云纹近似于宋元时期灵芝的雕法，近似长方形，两端内卷，中部向下。

其二，鱼纹。

鱼纹的特征主要表现在身形、嘴、眼、鳞、鳍、尾等方面，身形一般较古朴。有鳞鱼略显僵硬；无鳞鱼则长身，后半身回弯，体形很活，嘴部用粗阴线突出。鳜鱼类玉佩鱼嘴与头之间有一道深槽隔开。鱼鳃部有一道较长的阴刻弧线，自眼部或略高于眼部连下。鱼眼为小圆坑，有阴线双环、

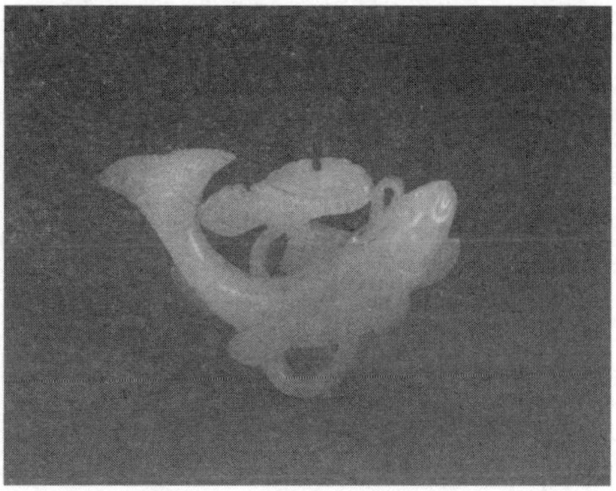
宋代玉器・玉鱼莲坠

阴线单环、圆环眼内加一道弧线等多种。鱼鳞一般为细阴线网格，也有以短弧线琢出的半月形鳞。背鳍多呈锯齿状，每一齿上都有短小的双阴线，腹鳍上有阴刻直线。典型的鱼尾为扇状或双歧形，扇状鱼尾微有扭折，表现得较灵活，尾上有细长而均匀的阴线直线，边缘呈锯齿状，双歧式鱼尾形如“人”字分向两侧，其上有细长的阴线。代表物为玉鱼莲坠。

其三，鸟纹。

鸟纹主要表现在形状、种类以及具体的嘴、眼、羽毛、尾上。一般来看，宋代玉鸟头部较简单，大头细颈，尤以鸳鸯最为突出，有些鸟头上有一根翎毛，嘴呈三角形，端部尖。眼部表现有如下几种：细长的丹凤眼、小圆坑眼、阴刻三角形眼。羽毛多为阴刻细长线，翅上有一或二道阴刻横线，较精的作品羽部呈凸起的棱状。琢刻细致的羽毛，羽部呈鳞状排列，鳞瓣上阴刻“小”“氽”“丨”形等。尾有卷草式（分叉卷向两侧，如蔓草）、连珠式孔雀尾（每一珠内有弧形凹下）、细密的阴刻线尾和三带式锯齿状尾。

其四，龙纹。

宋代龙纹极有特色，种类也较多，一般来看嘴角大而靠后，上唇薄而长，唇上挑前卷，长发、飘拂状，龙颈与肩处似有一道阴刻粗线相隔，腿部上端似有火焰纹，龙身雕网格鳞或无鳞，蛇尾，三趾足。

此外，还有卷草纹、兽面纹和螭纹等。

用途

宋代玉器世俗化的倾向、民间玉雕的兴起与商品经济的发展是休戚相关的，民间玉雕主要的消费对象已不完全是皇室贵族，也不完全是士大夫阶层，还有对玉器十分迷恋的普通百姓。

生活用具或日常用具，种类有盂、碗、盘、壶、杯、盅等。中国玉器，特别是带有实用意义的玉雕制品，从此走上了装饰化的道路。宋代玉佩饰品种类极多，有带饰、佩饰等多种形式，从目前发现的宋代玉饰来看，属璜、环、珩、冲牙体系的古代佩玉已不再流行，而代之以动物、花朵、人物等，尤其是玉龙、玉童子所占比例很大；玉带饰主要有带板、带钩、束带、提携、带扣等。

值得一提的是，宋代还产生了中国最早的一部玉器考证著作，即北宋元祐七年（公元 1092 年）吕大临的《考古图》。

《考古图》辑录了当时宫廷和私家珍藏的古代铜器、玉器等多种器物。书中记载的古玉器有 67 件，不是把玉器从礼学上加以系统化理想化阐述，而是开创了对传世玉、出土玉器实物进行著录研究的新天地，意义重大。

3. 西夏玉器

每个时代的器物都有这个时代的特点。西夏玉器的基本特征，就目前发掘的实物来说，可以归纳为以下三个方面。

质料

西夏玉器用料非常专一。西夏玉器的用料是和田玉，无论是白玉、黄玉、青玉，都是新疆和田的玉料，未见岫玉、蓝田玉、独山玉等国内其他玉料产地的玉料。

这和西夏扼守丝绸之路的咽喉有关。另外，西夏也不会舍近求远，自己身边的好料不用，远涉他乡求购原料来加工玉器。同时，其他产地的玉料要进入西夏，必先入宋朝，而宋朝与西夏的边境贸易时断时续。西夏急需的是日用品，如丝绸、茶叶等，再从其他地方进口玉料，既没有经济实力，又没有必要，所以，和田料是西夏玉器的唯一用料。

器形

西夏玉器器物厚重。因料石资源近且丰富，西夏玉器用料一般来说都很大方，所制器物都倾向于厚重。一般玉器的用料厚度，除了圆柱形状外，都是在 0.5 厘米左右。西夏玉器厚重的特点突出，这与西夏的经济实力无关，只是玉料来源条件好而已。

工艺

西夏虽然玉料资源丰富，但是工艺粗犷，水平一般。西夏玉器的器形制作很好，但细加工不行。有时应对称的两种纹饰不对称，有时该拉直的线拉不直。圆圈或圆弧的转弯处常常要经过许多次雕刻，才能成为圆形，多次雕刻的痕迹十分明显。这与西夏没有一流的玉器雕琢大师有关。

西夏的各种工匠，除毛、绒等与本民族的特长关联紧密的产业外，都是外部“输入”的——或者通过战争掠夺，或者赎买。可是，一流的雕玉大师到处都缺，西夏能得到的机会太少，这就是西夏玉器的工艺水平整体不高的主要原因。

西夏产玉器的时间虽然不长，工艺水平也不高，但西夏所生产的玉器数量较多，从东北到江南的大片土地上都应该存留过数量不少的西夏玉器。

4. 金代玉器

金代处于和南宋相对峙的特殊年代，同时又是北方少数民族所建立的政权，因此金代玉器具有浓郁的时代特色与民族风格。

金代玉器曾经一度繁荣，主要原因有：

其一，金代统治区域较广。女真族大量掠夺珍宝，刺激了金代玉器的发展。同时，女真族人学习先进的中原文化，促进了其玉器的发展。

其二，金代有较为充足的玉料、玉匠，加速了玉器的发展。金代玉以回鹘进贡或通过西夏转手得到的和田玉为主。为了确保玉材的使用，金规定朝廷用玉多用和田玉琢制，祀天地之玉皆以次玉代之。金在扩张过程中，俘虏的大批玉匠，有的原在辽境内，有的直接从北宋境内掳掠而来。

其三，女真族人善于学习吸收汉族传统文化，又能与本民族文化相融合，并突出本土文化特色，这在玉器上有鲜明的表现。金代玉器的考古发掘品较少，而传世品相对较多。

种类

装饰品有灵龟伏莲佩、花朵形佩、花鸟形佩、荷鱼形佩、双鹿形佩、双鹿纹带扣、花朵形环、鹘啄天鹅纹佩、山林兽纹佩、飞天等；礼仪器有金扣玉带；观赏器有玉童、山间老人形器柄、玉马等。

造型与工艺

器物造型多以自然界动植物为题材。器物材质以青玉、白玉为主，此外还有玛瑙。装饰品多为片形，以镂雕兼阴线刻方法造型。圆雕人物较小（一般在 5~6 厘米）。镂雕技艺娴熟，一般为单层镂雕，双层或多层镂雕较少。阴线刻的形式，是唐宋玉器的延续，但线条宽细兼备，刚柔相济。唐玉那种刚劲的短阴线基本不见。玉带銙上的带板，多为光素，形制简朴。吉林袛余所出金扣玉带銙，除有铊尾外，另附一镶金海螺及一金环，工艺别巧，设计新奇。春水玉多采用上好白玉雕成，浮雕、镂雕兼阴线刻，工艺复杂，制作精细。镂雕工艺最简率粗犷者，以黑龙江绥化县奥里米古珪所出双鹿形佩最典型。该双鹿形佩由二柞叶组成，三角形轮廓内有雌雄二鹿相并列，剪影式造型，形象概括，刀法极简约，但生动可爱，其工艺方法为金代动物玉雕的代表风格。

代表作——“春水玉”　“秋山玉”

契丹、女真均是北方游牧民族，渔猎经济占主导地位，春水、秋山原为契丹族春、秋两季的渔猎捺钵活动。所谓捺钵，即契丹族本居无定所，一年之中依牧草生长及水源供给情况而迁徙，所迁之地设有行营，谓之捺钵。女真族建立新政权后，承袭了契丹的旧俗，于春秋进行狩猎娱乐活动，并将捺钵渔猎活动改称为“春水”“秋山”。

春水玉、秋山玉是辽金元的代表作，与传统题材大相径庭，带有明显的北方游牧民族的特征。“春水玉”所指为海东青捉天鹅图案的玉器，“秋山玉”所指为山林虎鹿题材的玉器。它记录契丹等北方游牧民族在春秋狩猎的娱乐活动。明清也有春水玉、秋山玉出现，但辽金出土的玉反映出了最浓厚的生活气息。

这类内容的作品，充满了淳朴的山林野趣和浓郁的北国情调，是极具游牧民族特色的玉器作品，虽内容大体一致，但每件的具体形式绝无重复，达到了形散而神不散的艺术境界，充分体现了玉匠丰富的生活经验和卓越的观察力。其代表为现藏于故宫博物院的玉海东青啄雁饰。

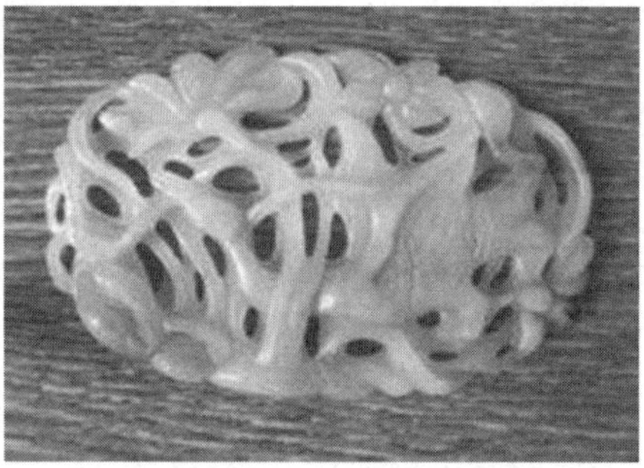

金代玉器 · 春水玉

金代玉器 · 秋山玉

5. 元代玉器

元朝是蒙古族建立的强大帝国。元代政治强盛，经济发达，手工业有玉器、瓷器、铜镜、漆器等。该时期的玉器表现出蒙古族的一些文化特点。

蒙古灭金以前，几乎没有琢玉业。灭金后，特别是建立元朝，将首都迁至大都入主中原后，由于受金文化和汉文化的影响，元朝琢玉业得到较大发展。

发展特点

第一，接受汉族传统的爱玉风尚，近法宋金，远法汉唐。

第二，继承宋金传统琢玉技艺。元朝政府网罗了大量的工匠，使之参加官办手工业生产。

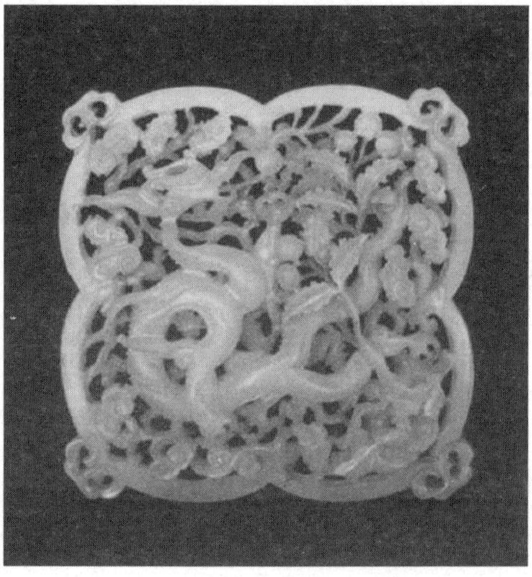

元代玉器 · 玉镂雕龙穿花佩

第三，沿用宋金玉器传统题材。花卉纹得以延续，螭虎纹再兴，春水玉、秋山玉进一步世俗化。螭虎纹始见于西汉，历代虽有雕琢，但运用得不多。元代螭虎纹不仅应用得多，而且非常成功，形成了元代的风格。春水玉逐渐演化为鹰击天鹅、芦雁荷藕图；秋山玉逐渐衍变为福鹿（福禄）图案，其影响一直波及明清。从史书记载看，元明清三代，宫廷玉器较前期得到更大的发展。

艺术特点

其一，玉器形体气势较大。

在玉器制作上，元代玉器的器型有向大发展的倾向，不注意细节的处理，雕工通常粗犷劲逸，器物表面往往留有钻痕和砣痕，抛光不甚讲究。不过，有的器物雕琢特别细心，精细得出奇。雕刻方法包括浅浮雕、镂雕和圆雕，并均与阴线纹结合，立体感很强。

其二，雕琢技艺炉火纯青。

元代玉器在继承宋、金玉器的琢制工艺上又有所发展。无论在宫廷还是在民间，玉器制作成为重要的手工业部门，这说明蒙古族统治者秉承了汉族的文化传统，将崇玉观念和用玉制度继承了下来。如对玉押的使用，统治者规定只有一品以上的官员才有资格享用；皇帝的宝玺须用玉制成。不过，元代玉器没有多少创新品种，总体来说是传统胜于创新，继承胜于发展。

其三，装饰技巧新颖别致。

花卉纹、螭虎纹装饰应用得非常成功，倭角的处理非常得体。元代玉匠在方形玉器的处理上，有时为硬挺挺的直角，有时为流动的倭角，刚柔并济，同时在边框内外缘刻两条粗阴线，更使元代玉器的线角显得十分优美，玉器的搭配技巧十分熟练。

其四，仿古玉唱主角。

元代最明显的仿古玉实物，要算玉瓶与玉尊，而仿摹的对象或是周代青铜尊，或是早期陶瓷贯耳瓶，为清玉器大量摹青铜器、陶器和瓷器开了先河。

其五，新颖玉器展示风采。

元代新款玉器除玉押、帽钮外，还有玉带环、玉带扣等。

元代玉器纹饰有瑞兽、花鸟、山水等装饰题材，更富有生活气息与民族特色，注重朴实、自然的风格。装饰品多以动物与花卉为主题，圆雕为主，片形为次。其他玉器多属圆雕，有圆形、椭圆形及随形。纹饰造型有龙纹、虎纹、鹿纹、螭纹、凤纹、鱼纹、花朵纹、凌霄花纹、鸟纹、人物纹等。总体上看，元代玉器是对唐、宋、辽、金玉雕的继承和发展，以渎山大玉海为最高水平代表。

元代玉器在宋辽金三朝的琢玉工艺基础上得到了发展。不论宫廷还是民间，“碾玉”成为手工业的重要部门。

一方面为了便于在汉族地区统治，另一方面也是为了满足蒙古贵族的需要，元代朝廷对朝廷用玉倍加重视，具体措施如下：

第一，朝廷控制玉料、玉砂。元代玉产地有和田及匪力沙两地，官办玉作坊利用和田、匪力沙所出玉材碾玉。

元代玉器 · 渎山大玉海

第二，朝廷专设琢玉机构。元代官办手工业很发达，元朝政府设有许多管理手工业的机构和官办手工业作坊。元朝的官办手工业玉作坊，始终以元大都为主，那里有金代的琢玉传统；另一个设在杭州；因其有南宋良好的琢玉基础。

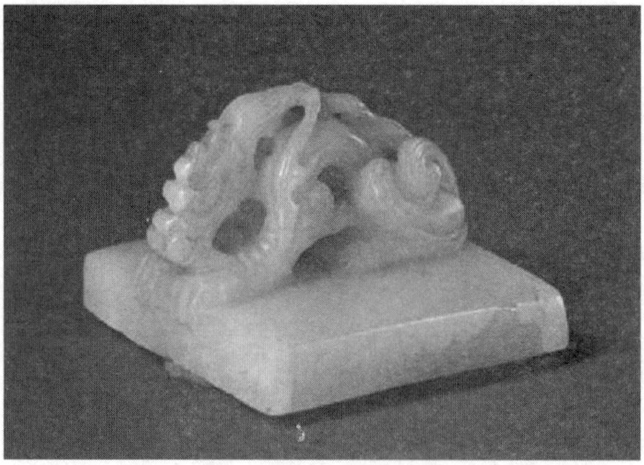

元代玉器 · 玉押

第三，朝廷琢制巨型玉器。由于受玉材及雕琢技艺的限制，中国玉器一向以小巧玲珑著称，因而常被划入古玩类，其艺术价值及历史价值常被研究者忽视。元代，朝廷有琢制大件玉器的爱好。在中国玉雕史上，第一件真正的巨型玉雕应为元代的渎山大玉海。

第四，有专门的朝廷用玉。元代处理公文的玉器为国玺及玉押。玉押始于五代，但实物始见于元。元代的统治阶级主要是蒙古人和色目人，他们很多不识汉字，不能执笔画押，就以象牙、木刻印之。而玉押只有一品以上的高官由朝廷特赐方可使用，故十分珍贵。

总之，元代玉器文化的总体特征是：传统胜于创新，继承胜于发展，为其后明清两朝装饰玉器的发展奠定了基础。

七、明清玉器

1. 明代玉器

明代社会的特点是国家始终处在内忧外患之中，但是由于承袭两宋特别是南宋以来飞速发展的商业贸易，明代的商业非常发达，民间也因此较为富足。明代玉器的发展变化也是与社会的变化相关联的，从总体上看，明代玉器渐趋脱离五代两宋玉器形神兼备的艺术传统，形成了追求精雕细琢装饰美的艺术风格。明代的皇家用玉都由御用监监制，而民间观玉、赏玉之风盛行，在经济、文化发达的大城市中都开有玉肆，最著名的碾玉中心是苏州。同时，古玩商界为适应收藏、玩赏古玉器的社会风气，还大量制造了古色古香的伪赝古玉器。我们现今还能见到大量这一时期仿制的“古玉”，甚至连清代的乾隆皇帝也曾经被明代仿古玉欺骗。

明代玉器继承了宋元的特点，造型粗犷，多以日常生活为题材，胎体较厚，镂雕用法广泛，平面雕两层花，俗称“花上压花”。装饰线条刚劲利落，棱角分明，不拘小节。

发展分期

明代玉器工艺的发展经历了早、中、晚三个时期。

出土的明初玉器和传世玉器均有佳作，风格继承元代，做工严谨而精美。汪兴祖墓出土的玉带饰，其碾琢隐起行龙，出没于祥云之中，有鬼斧神工之妙，但云龙的形象与布局均接近元代，玉带板数量不符合明制。1970 年春到 1971 年年初，山东邹县朱檀墓出土了冕饰、玉带、玉佩、玉圭、玉砚、玉笔架、玉杯等玉器，展现了明宗室亲王生前和殉葬用玉的状况。这类玉器所采用的玉材光泽较强，碾工遒劲，磨工精润，不重细部，明显保存着元代玉器的遗风。但是严格说来，明早期的玉器并没有自己的风格，许多出土的精美玉器应该归入元代玉器的范畴之中，或者其原本就是从元代留传下来的玉器。

明朝中期的玉器趋向简略，承袭元末明初兴盛的文人文化，出现了具有文人色彩的玉器，如青玉松荫策杖斗杯等。明中期玉器的加工与集散多集中于东南地域如南京、上海、江西等地。上海陆深墓出土白玉铁拐李、白玉蝶、玉鸡心佩、白玉带钩、镂空寿字玉、玉戒指、玉道冠、玉簪等，玉件小巧玲珑，代表了地主、富商等人用玉的品种和做工。这一时期的玉器开始显现出明代社会的特点，玉器的制作加工也可真正表现出明代社会的特征。

晚明前期东南一带社会稳定，城市经济繁荣，民间富裕，因此玉器产量有所增加。当时苏州制玉业代表着全国玉器工艺的发展趋势，著名玉工陆子冈就出自苏州专诸巷。此期代表性的玉器有明十三陵定陵出土的玉带钩、玉碗、玉盂、玉壶、玉爵、玉圭、玉佩、玉带等，包括死者生前御用玉器和死后的殉葬用玉。其中玉壶、玉爵等使用錾金或珠宝镶嵌工艺，绚丽多彩。当时古玉已成为古董（或称古玩），是高价的特殊商品。商人为了获取高利，便用劣质玉、掺色玉等廉价玉材制造了大批假古董，玉器数量激增，艺术上明显变得粗犷，精工者较少，多与金银宝石镶嵌工艺结合。因明中晚期城市经济繁荣，手工业发达，海外贸易频繁，工艺美术为商品生产和外销所支配，于是出现了追求数量、忽视艺术的不良倾向。因此，玉器工艺也出现了商品化的趋势。玉器胎厚重，造型

明代玉器・玉九螭璧

呆板，做工草率，装饰烦琐，流传至今的有大量的玉壶、玉杯。在图案方面，与晚明社会风气相符，福瑞吉祥的谐音题材甚为风行，这种“图必有意，意必吉祥”的图案，首先是为了祈福，其次才顾及美。明晚期著名玉工陆子冈所琢玉器反映了此时期作玉、仿古玉及文人用玉交错发展的形势。玉文化中，城市庶民、文人的成分与影响正在增强，这是城市商品经济繁荣、玉器生产商品化的结果，也是我国玉文化的新变化。

特点

明代谷钉纹，多以管钻套打，谷钉较大，横竖成行，周边有明显的套打痕迹。动物造型的耳内多用锥钻打凹，少见直筒。旋纹细而不均。阴线宽深粗放，边棱锋利；槽地砣痕明显，过线现象比比皆是。底子处理不清，不平整，俗称“麻底”。

从总体上看，明代装饰用线以宽而深的阴线为主，截面呈“V”形，抛物线状，首尾均出峰。

质料

明代玉器的玉材主要使用质地细腻温润的和田玉。宋应星的《天工开物》记载了当时运玉材的盛况：“凡玉由彼缠头面，或溯河舟，或驾驼，经浪入嘉峪，而至甘州与肃州，至则互市得兴，车入中华，卸萃燕京。玉工辨璞，高下定价，而后琢之。”明代还通过海上贸易，得到了大量珍稀宝石，扩大了宝玉石制作的用料范围。明代玉器的玉质特征：表层莹润，玉器表面都会闪烁光泽，仿佛罩上一层薄的玻璃质，玉器中出现这种现象是抛光技术提升所致。

器形

明代玉器从器型上看，主要有玉礼器、装饰用玉、文房用品和日用器皿等。玉礼器主要有玉璧、玉圭；装饰用玉有玉带板、带钩、带扣、玉簪、鸡心佩、花片、方形玉牌等；文房用品有玉笔、笔架、玉砚水洗等；日用器皿有玉盒、玉杯、玉壶、金托玉执壶等。

纹饰

明代玉器的纹饰和装饰手法，有丰富的动物图案：龙、蟒、凤、狮、虎、鹿、羊、马、兔、猴、鹤、鹅、斗牛、飞鱼等；植物图案有菊花、牡丹、荷花、葵花、兰花、石榴花、灵芝、山茶花等；盛行以图案为底纹或边饰“万”字、“喜”字、“寿”字、流云、朵云、波浪等。最具时代特色的有两种：一是深受文人画艺术的影响，在玉器上出现了前所未有的诗书画印艺术；二是福瑞吉祥的谐音题材大为流行，在玉器上比比皆是隐喻吉祥的纹饰。例如马背踞一猴寓意为“马上封侯”、戟磬图案寓意为“吉庆”。

明代玉器・青玉竹节杯

工艺

明代宫廷用玉，多与金银宝石镶嵌工艺结合。这类器物金玉珠宝融为一体，有在玉饰件上镶嵌红宝石、蓝宝石的；有金镶玉的带板；有金饰上镶嵌红宝石、蓝宝石的——无不雍容华贵，珠光宝气，彰显了明代皇室的贵族气派。

明代玉器・玉仿古铜纹环柄扁杯

明代玉器有磨平图案边缘的特点，采用浮雕和凸雕装饰的作品显著增多。在这类凸起的图案边缘处，锋利的棱角多被磨平，从而形成光洁明亮的窄条状轮廓线。磨平棱角的方法产生了很好的艺术效果，增强了花纹图案的浑厚感。

繁荣原因

其一，明代海路贸易的繁荣，确保了材料供应。通过陆上贸易换回了大批和田玉；通过海上贸易得到了大量珍稀宝石。明代王公贵族，除继续使用传统的和田玉外，还大量寻觅宝石，这是明代出现的新情况。这是明代海上贸易的结果。但中国人对玉的珍视程度，历来超过宝石。

其二，明代实行的新匠户制度，有利于玉器专业化生产。明代虽仍沿用元代的工匠制度，即把工匠编入专门的匠籍，不准随便脱离匠籍改业，但明代匠户较元自由，工匠有发挥自己聪明才智的机会，因而促进了明代手工业的发展。明代工匠分为轮班匠和住坐匠两种。

其三，明代商品经济的发展，推动了玉器行业的繁荣。

其四，明代市民文艺的炽盛，影响了玉器的世俗化进程。玉器的世俗化倾向，从宋代已开始。明代由于程朱理学和道教的传播，吉祥图案遍地开花，在玉器上表现也很突出。

其五，明代的复古心态，促进了仿古玉的发展。

2. 清代玉器

清军入关以后，经几代帝王励精图治，扫清叛乱，发展生产，肃整吏治，繁荣经济，出现了“康乾盛世”。康熙时吴三桂追击南明永历帝入交趾，开通了缅甸翡翠进入中原的路线。乾隆时期在西域用兵，又打通了和田玉内运的通路，使和田玉大量运进内地，促使玉器工艺迅速发展。清代是我国玉文化的第三个高峰。

工艺特色

总的来说，清代宫廷用玉直接受清内廷院画艺术的支配和影响，其做工严谨，一丝不苟。有的碾琢细致，如雕似画；有的在抛光上不惜工本以显示其温润晶莹之玉质美。清代重白玉，尤尚羊脂白玉，黄玉极少。民间用玉以两江产量最多最精。清朝最负盛名的碾玉中心是苏州专诸巷，苏州玉器精致秀媚，内廷玉匠也多来自该地。扬州玉作发展很快，大有后来居上之势，其玉作豪放劲健，特别善于碾琢几千斤甚至上万斤重的特大件玉器，大禹治水图玉山为其代表作。清代玉工善于借鉴绘画、雕刻、工艺美术的成就，集阴线、阳线、平凸、镂空、俏色等多种传统做工及历代的艺术风格之大成，又吸收了外来艺术影响并加以糅合变通。

历史传承

清代各个时期玉作亦有所不同。顺治、康熙年间战乱频频，玉器行业也处于萧条状态，产量较少，但宫廷用玉仍不乏精品。雍正朝经济复苏，手工业大为发展，玉作也重新崛起。乾隆、嘉庆年间为清玉的昌盛期。这时宫廷玉器充斥各个殿座，各大城市玉肆十分兴旺。民间观玉赏玉之风兴盛，玉器的用途更加广泛，陈设、器皿、佩饰、祭器、偶像、文玩等，品类齐全。乾隆时所称的痕都斯坦玉器是具有阿拉伯风格的玉器，在乾隆中晚期时已大量进入内廷，得到乾隆的喜爱，其风格波及北京、苏州、扬州等玉肆。新疆维吾尔族玉器有着鲜明的地方特色，与宫廷玉器和痕都斯坦玉器有所不同，器形、纹饰均较单纯，光素器较多，不重磨工，稍显粗糙。道光、咸丰年间战端又起，内忧外患，国家经济严重受挫，新疆玉贡完全停止，宫廷玉器日渐衰落，有时甚至停止碾制。地方大城市的玉肆，也因原料不足及经济衰退而逐渐衰落。特别是太平天国起义以及前后两次鸦片战争，苏、扬二地正好处在战争中心地带，所受祸害可想而知。从此之后，清代玉作就再也没有振作起来了。

时代特色

玉器在清代得到了空前的发展，形成了我国古代玉器史上的又一座高峰。清代玉器的品种和数量很多，以陈设品和佩饰最多，也最为精美。陈设品有仿青铜器的仿古器皿，还有各种寓意吉祥的动物造型。新增的品种有山水、花鸟、玉山子、浮雕图画式的玉屏风等。玉佩饰的种类更是丰富。此外，还有各种玉质的实用器皿、文房用品等。清代玉器承前之成就，集多种传统做工及历代的艺术风格之大成，创造与发展了工艺性、装饰性极强的玉器工艺，

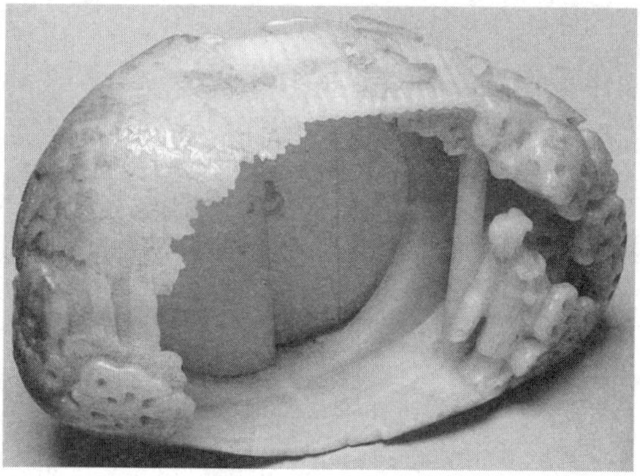

清代玉器 · 桐荫仕女玉山

有着鲜明的时代特点和较高的艺术造诣。

清代玉器中有不少大型的观赏性“玉山”，以山水画为蓝本，就地取材，加以设计制作，其做工精细，成品甚优。如桐荫仕女玉山，作者利用玉的白色和红色，巧妙地琢制成茂密的树木、假山和石桌石凳，很有江南庭院的诗意。

特征与形制

清代玉器在品种数量和制造工艺上都形成了玉器史上的一个发展高峰期，形成了具有不同风格和技术特色的“南玉”“北玉”制玉中心。

清代玉器在制作上以乾隆时代为分界线，前期治玉重视选料，由于开采条件改善，采集到的优质白玉、羊脂玉数量之多，超过历史上的任何时期。材质的精美，为这一时期能产生许多珍宝性艺术品提供了物质基础。在工艺方面，琢工精巧，光工细腻。乾隆时代玉器皿的轮廓线都极规则，横平竖直、外缘及子口转折严整挺拔，棱角多呈劲挺锋锐状。起凸的浮雕图案边缘，也处理成锋利边线，观之剔透，触之扎手。在抛光工艺上也很讲究，一般细光处看不见琢镞的痕迹，细光能达到玻璃光亮度。清代中期以后，玉器生产渐趋衰落，不但规模减退，工艺制作上取巧偷工造成规格日益粗糙。如：所琢树木花草枝梗，不再精到琢出圆润的符合生态的形象，仅以两面削琢的角形凸起代替；花卉图案也不再细致地琢出枝叶穿插、花叶翻卷的形态，大多取平面的浅浮雕处理；尤其是器皿轮廓线大多拖泥带水，转折含混；许多圆雕处理的玉陈设品、玉人、玉山，甚至小件玉佩、玉附的背面，也采取用工极少的粗处理方式。

清代的玉器已经运用到生活的很多方面，玉器的种类自然也丰富了许多。形制主要有璧、圭、印、山子、花插、插屏、香薰、动物、玉人、如意、杯盏、盘碗、执壶、带钩、带扣、翎管、扳指、香囊、鼻烟壶、牌形佩、透雕花片、龙凤佩、仿汉佩、朝珠、圆雕坠饰、镯子、扁簪、砚滴、笔筒、笔洗、臂搁以及仿古仪器等。

辨伪

清代玉器与现代仿品的鉴别是当前比较突出的问题。

虽然清代玉器已有二三百年的历史，但距今并不久远。因此玉器在风格、工艺和材料等方面与现代仿品比较近似。另一方面，无论是出土或传世的清代玉器，在高新技术迅速发展的今天，能够比较容易地被仿制。仿制清代玉器不像仿制高古玉器那样，从风格、工艺和材料、光亮与质感、腐蚀与受沁、生坑或熟坑等方面都要下功夫，清代玉器仅从风格、工艺和熟旧效果上进行模仿，就能比较容易地做到以假乱真的程度。

在这种情况下，便给我们的鉴别与收藏造成了比较大的困难。要从根本上解决这个问题，只有从玉器的加工设备、工艺技巧、加工手段、机械效果和玉器的质感变化上，进行细致的技术分析和科学的论证，否则没有其他更准确有效的手段解决目前出现的识伪难题。当我们掌握了真伪玉器之间存在的差异、细微变化和不同的特征时，就可以准确地把现代仿品从清代玉器中分离出来。下面采用分析对比的方式把这些区别稍加论述。

其一，清代玉器原材料与现代仿玉所用材料的对比。

清代玉器用料主要是新疆和田玉，除此之外，其他产地的青白玉料、黄玉、碧玉、墨玉等玉材也被广泛使用。一般高白玉料用于官品及精品的加工，其余均为民间用玉。清代玉器一般来说玉质好的工艺也精致，玉质差的工艺比较一般。有绺裂、瑕疵的玉料大多用于一般玉器和仿古玉器的加工。

现代制玉除使用少量的高白玉料制作玉坠、玉牌等外，很少有大料或用大料制作仿古玉器的情况。较广泛的是用青白玉料、残旧料和其他玉材改制。由于材料来源较困难，作伪者还经常使用新开发出来的代用料，这种代用料的玉质结构、硬度、密度都与和田玉材有明显的差别。

其二，清代制玉设备与现代仿玉设备精度的对比。

清代还没有电动装置，更没有无级变速装置，且设备的材料、结构、精度都比较原始。由于设备的机械化程度低，设备的材料结构较差，必然导致设备与材料的自我磨损，会使设备精度、稳定性变差，磨制加工效率变低。

因此工艺误差大是清代玉器加工中无法避免的工艺缺陷和工艺特征。这种缺陷和特征清晰地反映在玉器的艺术效果上，如对称方面的误差，线条磨制与平行方面的误差，磨制基面上的误差等。

在高科技迅速发展的今天，制作玉器的设备和精度、材料和结构、工具和介质、效率与稳定性、加工技术和加工精度等方面都有了很大的发展，并且在加工过程中采用一些辅助性工具，如：平行靠尺、角度尺、平面研磨设备等，大大提高了玉器加工的效率和精度，缩短了加工周期，使玉器的图案纹饰更为精确细致，规格更为标准。利用现代技术进行制伪，其效果几可乱真。但是现代手段也不可避免地留下高精度、高效率加工的时代烙印，与清代加工设备加工的玉必然产生较大的差别。这种差别是我们识别真伪极重要的一种手段。

其三，清代玉器与现代仿玉工艺的对比。

清代制玉设备存在着精度差、转速低、磨削量小等方面的问题，因而在玉器的加工精度上必然存在着一定的误差，主要表现有规格与标准方面的精度、对称度、线条平行度、基面平整度、棱角过渡等误差。这些工艺误差是设备精度、磨削介质与工具造成的，不是磨制技艺所能改变得了的。但是玉工完全有能力掌握磨制效果，可以进行反复磨削和修饰，直到磨制出艺术效果。这样做虽然加工周期长，效率低，但可以体现玉器的材质美和工艺美，做到各部位磨制细腻均匀。由于转速低，磨削介质细腻，玉工手握玉件可以把握控制磨削量和磨削力度，当玉器成形后，就能达到一定的光洁度，给抛光工艺打下很好的基础。由于设备的精度极限和玉工的磨制技巧，形成了清代玉器特有的艺术风格和工艺特征。

现代的设备与工具要比清代的先进得多，不但精度高，稳定性能也好。现在的商家，有条件采用现代化的磨削介质和先进的磨削工具进行加工，利用辅助工具提高加工精度，用其他一系列的革新手段提高仿制效果。这种效果表现在：玉器的纹饰图案比清代精细得多，微雕工艺要借助放大镜才能看清楚，磨制光洁度与清代玉器光感极相似。说明利用现代技术设备不但完全有能力仿照清代玉器，在一些方面还大大超过清代制玉水平。但现代设备、工具、技术又会造成一定的工艺缺陷和不足。由于精度高、转速快、磨削量大，会造成线条过渡不均匀，磨削深浅不一致，磨削线条不好，整体光亮度差等问题。从以上的效果进行一些技术分析就能够发现哪些玉器是清代传统工艺制作的，哪些是现代人仿制的。

其四，清代制玉与现代仿玉所用磨削介质的对比。

清代制玉所用磨削介质是传统的解玉砂。这种砂浆颗粒较细腻，纯度较低，掺杂其他岩石颗粒。这种介质会提高玉器的光洁度，能够使图案文饰磨制过渡性好，表面光滑细润，没有锋利的磨削划痕，加工过程中便于控制磨削量。所以，清代玉器给我们的总体印象是：工艺柔和舒服、磨削适量、手感好、光亮适度、纹饰清晰，完整地体现了玉器的艺术效果。

现代制玉采用高纯度金刚砂或钻石粉。这种磨削材料耐磨性能好，颗粒锋利，磨削速度快，磨削量大，加工周期短。磨制出的玉器，纹饰图案线条极其精细。但由于手工操作很难控制磨削的准确性和一致性，会造成磨削力度控制不稳，使得过渡性不好，磨削光洁度差。这种不足很难有重新修饰的余地。使用现代磨削材料加工玉器，其工艺效果与清代砂浆工艺产生的工艺效果有比较明显的差别。从这些差别可以准确地辨别玉器的真伪。

其五，清代玉器的腐蚀与现代仿玉做沁的对比。

清代玉器由于年代延续较短，玉器被腐蚀的部位较轻微，只是在玉器的绺裂部位或边角有不同程度的腐蚀和沁色，对玉器整体影响不大。有些绺裂部位有极细微的裂痕并有锯齿形腐蚀带，沁色有油质光泽并带有轻微的渗透过渡现象。有些生坑玉器表面黏附着氧化铁锈斑，当这种锈斑剥落以后，表面会留下清洗不掉的淡红色沁斑，并有轻微的表皮渗透。收藏或是把玩盘戴的传世玉表面都会产生程度不同的氧化现象，被人们称为“包浆”。由于玉器表面硬度不均匀，会在表面产生极细微的腐蚀点。另外，玉器的边角受腐蚀后会使腐蚀部位硬度降低，产生轻微的腐蚀残迹。这种残缺没有锋利的尖角，残痕过渡自然。

现代仿品做腐蚀的方法，主要采用人为碰残，然后进行强化染色，以此假冒玉器的自然腐蚀。仔细观察会发现，这种人为制残产生的残痕结构与自然形成的明显不同，其残痕尖利，染色后残痕中存留着染料沉积物，这种人工染色很容易被清洗掉。另一种做沁是使用传统的提油法，其结果会使玉器表面失掉光泽，没有透润感。由于人为强化做沁，致使绺裂部位形成杂质封填现象，并带有生硬的色带，没有向纵深渗透过渡的现象。玉器经强化处理

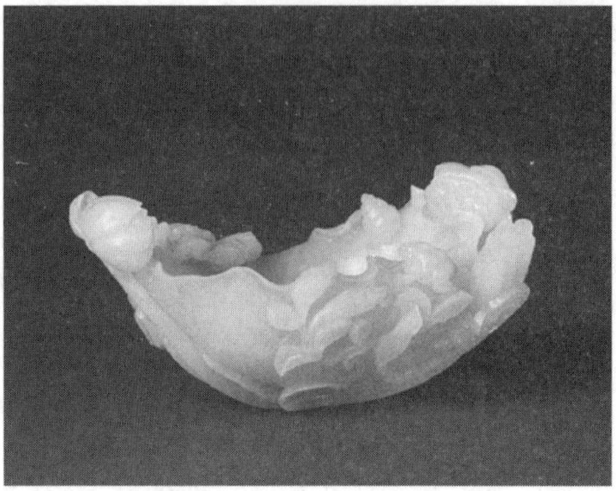
清代玉器 · 青玉把莲水虫荷叶洗

后表面会有明显的油腻感，特别是在手中把玩，这种感觉更为明显。这种现象的形成，是由于玉器在一定温度下，强化渗透物不断向外溢出造成的。这种人为强化与自然渗透受沁，效果是大不一样的，我们在实践中能够充分地体验。

其六，清代玉器与现代仿品质感的对比。

清代玉器的质感，包括光亮感、手感、熟旧感、透润感、油质感等几个方面。生坑玉器一般保持原有的光亮感，无论是成形后入土，还是生前盘戴死后入土，表面都会黏附一些沉降物质，并有腐蚀受沁现象。生坑玉器由于受地下温度、湿度的长期渗透，出土后经盘磨很快就会出现油透的质感。熟坑玉器一般经人体温度、汗液、水气、酸碱等物质长期渗透，并受外部环境的氧化，经长期的把玩盘戴逐渐产生油质感、透润感和熟透感。这主要取决于玉器本身的硬度和密度。玉石本身存在着可渗透性，经长期渗透会使玉石内部折射加强，因此人们感觉玉器的透明感越来越好。玉器的熟旧质感是通过长期盘戴把玩形成的，由于盘磨，玉器的棱角逐渐圆润，手感更好。通过放大观察可以看出，其表面有不规则划痕和碰残痕迹。在光透下观察，玉表面白度与内部白度有细微差别。随着时间的延续与不断把玩，玉器会逐渐呈现细腻油润的质感。

现代仿品无论怎样进行处理都不会产生自然熟旧的效果。这种短期强化与长期自然形成的效果区别很大，主要表现在：玉表反光度极强，或者玉表没有光泽。玉质内部由于没有长期把玩的过程和物质渗透过程，也不会出现折射形成的透润感，而且有些玉器仍存在明显的磨削和划痕。产生这些现象的原因是，仿制品没有同样的时间、环境和条件，因此也绝不会产生出自然熟旧的质感效果。

其七，清代玉器与现代仿玉抛光的对比。

清代玉器的光亮效果与玉器的前期磨制有很密切的关系。当清代玉器成形以后，总体光亮度已有很大提高。由于抛光材料细腻，经抛光以后玉器总体光亮适中，很少发现玉表有划痕现象，并且玉器的图案纹饰仍保持前期磨制的清晰效果。

现代仿品在前期磨制过程中，总体粗糙，光亮度差。为了达到高光亮度，就需要较长时间的强化抛光。虽然光亮度有了提高，但是由于强化抛光，致使玉器图案、纹饰受损，甚至造成精细纹饰模糊不清。有透雕工艺的玉器内壁较粗糙无法进行有效抛光，造成各部位光亮产生误差。现代制玉采取高效率、高精度加工，在这种情况下所产生的工艺缺陷是很难克服和补救的，使用的抛光材料也很难使仿品达到清代玉器的光亮效果。

其八，清代玉器与现代仿玉在磨制平面、透雕、浮雕方面的对比。

清代玉器的基面是人工铲磨而成的，平面有细微的波浪感。透雕是采用线切割的方法进行的，其断面不但垂直度好，断面与平面夹角锋利，切割光亮度高且一次性切割成形。浮雕采用人工校准修磨，不依靠任何辅助工具，而且玉器的弧面、凹面等过渡圆滑，很少有磨削过火或不均匀的现象。

现代仿品，例如玉牌及其他带有平面的玉器，一般使用平面研磨设备进行加工。这种工艺可以使平面极其平整，但与浮雕接触的夹角过渡不好。玉牌的边框线是采用平行靠尺磨制而成的，线条的粗细磨制一致性极好，而且高度、平行度也十分精确。现代浮雕工艺，由于很难控制磨削力度与磨削量，会造成多磨或少磨、线条不均匀和深浅不一致的现象。透雕工艺虽然也采用线切割方式，但切割垂直度不好，切割面粗糙与平面夹角部位角度不锋利。

采用现代设备和新工艺制作的仿品，很容易产生仿制缺陷，我们根据仿制技术所产生的不足和漏洞，就可以做到准确的辨别真伪。

总之，通过上述分析与对比，我们能够清楚地认识到，清代玉器的工艺效果是与清代设备的机械化水平分不开的，设备的精度误差必然会造成产品的精度误差。根据这些基本的机械原理，结合清代玉器所反映出来的时代特征与艺术效果，可对清代的手工业发展水平有更深的认识。

另一方面，通过分析也可看到，现代仿玉使用的设备及技术等已有相当发展。利用现代设备和技术制造的玉器已经达到相当高的水准，不但继承了传统文化而且发展了玉器文化。但是我们也看到了利用先进技术仿制伪品，以此获取暴利的不法现象。仿品使很多人上当受骗，有些甚至进入了拍卖市场。收藏家与行家们只能依靠自己的鉴别能力和辨伪水平进行收藏，而广大的爱好者也只能采取真品当伪品的方法购买。造成这种局面的主要原因是不了解现代制伪技术，没有掌握一系列辨伪要领，轻信冒牌行家。所以只有深刻地总结经验教训，通过理论与实践的结合才能有效辨别真伪。

三大成就

第一，和田玉的广泛应用，为玉器取得辉煌成就奠定了雄厚的物质基础。据载，乾隆年间每年有 2000 公斤贡玉运达京师，造办处及苏、扬两地琢玉作坊皆用之。

第二，巨型玉雕的成功。巨型玉雕所体现的恢宏气势与清帝国的国势相称。清代玉器成就之伟大，可由巨型玉雕看出。

第三，玉器的精与美。以乾隆宫廷玉器为代表的清代制玉风格，皆可用“精”“美”来概括。“精”代表玉器材质、雕琢、抛光的工艺之精；“美”代表玉器质色、造型、纹饰的艺术之美。精与美代表了清代崇玉文化的最高成果及其审美的最高标准。

艺术价值评判

其一，现实主义的创作方法。

世俗文化内容，在清代玉器中有更加广泛的反映，不论宫廷的还是民间的，玉器的造型和纹饰的题材，都紧密地与社会生活的各个层面相关联。造型方面，如葫芦形、花朵形、芭蕉形、鱼形等，均与人民大众的生活息息相关。纹饰方面，如山水纹、梅竹纹、十二生肖纹、蝴蝶纹、鸳鸯纹等这些“师化自然”的内容，具有生动、纯朴的艺术品性。从这些造型与纹饰中，可以窥视出当时的风土人情与时代风气。

其二，形式主义的审美意趣。

玉器的表现形式，以“琐、薄、繁、俗”为总特点。“琐”指玉器的造型叠错，纹饰琐结连绵，其整体视觉形象缺少淳厚高雅的意趣。“薄”指玉器的造型和纹饰在艺术审美方面的肤浅。绝大多数作品看上去尽管华彩多变，婉丽多姿，但观之则一目了然，没有留下多少深察细品的余地。“繁”指玉器造型与纹饰的华丽烦琐表现出的多属富贵之气，这是封建仪贵观念的产物。“俗”指玉器所表现的俗味多于传统玉器的典雅风范。玉器虽可雅俗共赏，但常常是雅中泛俗，文化内涵不够深广。“琐、薄、繁、俗”的形式美，集中体现在其过度的华丽与贵重中。

造成玉器走向形式主义美的主要原因是，清代上层统治者缺乏信仰观念和高层次的艺术追求，促使玉器的文化内涵不足，贫乏苍白。艺术作品单纯为了满足王室贵族的审美要求，以繁工为贵，琐华为美，致使艺术作品越发趋向矫揉造作，内涵不足，缺乏活力。在封建礼仪制度的影响下，这种烦琐空洞反而变得时髦。虽观之易理解，也能乐在其中，但易忘却，得不到深刻的艺术享受。在这种文化艺术观念的制约下，创作者们的热情，也会被迫屈从于技艺的极尽发挥，并以此来求得统治阶级的肯定。

清代玉器的总体艺术形式特点是，单凭直观的感觉就可欣赏到作品的全部，而不能表达深层的文化内涵。

在玉文化上的地位

文化的可继承性，决定了清代玉器是数千年传统玉文化的集大成者，能在传统玉文化的基础上进行综合与创新。“综合”指它注重遵循与吸取传统（主要是宋、元、明）玉文化的创作法则和精髓，把玉器制作推向高潮；“创新”指着意于精品价值取向，使精美的玉器获得超值的文化价值和审美价值。

尽管清代玉器不可避免地受到时代文化大背景的制约，在审美上偏重形式的追求而较少体现深层的思想与文化内涵，然而，清代玉器以技巧与形式美，为传统玉器的艺术体系做了最后的总结。它在中国古代玉器历史上，达到了空前发展、高不可及的巅峰，是中国古代玉文化史上最后的辉煌。

八、近现代玉器

20 世纪初，玉器的琢磨制作虽已失去了曾有的规模，但它在中国人的心中并没有被遗忘，反而以一种新的形式悄悄地活跃起来，即从皇宫内廷走向了民间。

地方及民间玉坊早在元代开始萌芽，至明清两代有了较快发展。苏州、扬州、杭州等地都开设了为宫廷琢制玉器的作坊，主要给官府进行来样、来料加工。明、清朝廷对地方玉坊琢磨水平要求甚高，加之民间玩玉、赏玉之风盛行及上层对玉器的重视，都为 20 世纪初期民间玉器作坊的兴起创造了地域、人才、技艺、市场条件，即部分玉师、玉匠在玉器由宫廷艺术转向世俗商品的变革中纷纷开设作坊、商号。当时在北京前门一带出现了许多大小不等的玉器作坊，如文珍斋、宝珍斋、魁盛斋、济兴成、华珍号、天和斋等。20 世纪 20 年代，在崇文门外建有专营玉器的青山居货场，在繁华的王府井、西单、东四、琉璃厂也开设了买卖玉器的店铺。玉器作坊之间业务有分工，前门的作坊多做精品，崇文门的作坊以制作粗品和小件为主。北京、上海等地均创办了玉器行会及会馆，从业人员近万人。

20 世纪初，“外人之嗜古好奇者，相率来华访购，随而扩张于海外矣”。有些国家为更多地收购玉器先后在北京开设洋行，如日本的山中洋行、德国的普林洋行、美国的隆聚洋行、意大利的公私洋行以及犹太人的先宇洋行。此时日本、英国、美国的学者也纷纷开展对中国玉器的研究。

玉器的学术研究和大量外销促进了玉器产业的发展，也促成了一些艺人在技艺上的成熟。作坊、商号由于均属私人开设，大都财力不足，制品一般以小件为主，外国洋行及商人来料也少有可制中件以上的。这一时期的玉器，工艺虽精致，但大都以仿古、修改旧活儿为主；玉器形制、纹样基本上沿用明清风格。由于追求商业利润，审美观念逐渐迎合社会习俗，作品趋于平庸。个别人刻意制假、做伪，令古人蒙羞。总的来看，这一时期的玉器制作设计简单，工艺粗糙且没有创新。步入 20 世纪 30 年代，抗日战争爆发，刚刚复苏的玉器行业遂跌到难以维持的地步。

1949 年后，随着中国社会的安定，经济的发展，玉器业也随之进入一个全新的发展阶段。20 世纪 50 年代之后，玉器成为中华民族珍贵的手工艺术品，备受国家的重视，政府也开辟了玉器制品走向国际市场的途径，从而带动了玉器产业的兴起与发展。

从全国范围看，玉器制作分布地域广泛，品种繁多，人才如林，技艺精湛，原材料供应充足，市场稳定，设备不断改进，玉器业进入了一个再创辉煌的恢复时期。20 世纪 50 年代至 20 世纪 70 年代末，北京、上海、天津、广州、江苏、河南、辽宁、湖北、江西、安徽、河北、山西等省市约有玉器从业人员万人。中国现代玉器大体上形成了南、北两大派系。北派以北京为中心，包括黄河流域以北的各厂家；南派以上海、扬州为中心，包括长江流域以南的众多企业。

20 世纪 80 年代初，随着改革开放的推进，玉器业告别了原有单一的外销渠道体系，走向了外销与内销玉器市场共同发展之路。

现代玉器在延续、借鉴前代的基础上，不仅调整而且发展了原有的品类格局。现代玉器品类大体可分为摆件、首饰、盆景三类。而集玉器技艺之大成者，首推摆件。

玉器摆件类（俗称件活儿），指立体雕琢、陈设品，具体品种可分为：器皿、人物、花卉、山子、插屏等。中国现代玉器器皿吸收了优秀的传统技艺，并发展成为 20 世纪 50 年代以后的主要玉器品种。其造型多仿古代玉器器皿，仿青铜器造型也很常见。常用的炉形有等齐扁炉、高庄炉、亭子炉等。瓶的造型丰富多样，有圆肚瓶、观音瓶、齐肩瓶、八棱瓶、祀瓶、葫芦瓶等几十种。器皿类常见的花式还有尊、鼎、盒、壶、杯、碗、盘、水丞、洗子等。

器皿造型复杂，仅配件造型就有顶、底、耳、环、提梁、链、腹等，由于器皿部件繁多，工艺复杂，艺术品位高，因此对玉料要求较高。造型复杂的器皿大多选用质地坚硬致密、色泽均匀、质感凝重、纯净无瑕的和田玉之白玉、青白玉、青玉、墨玉等高档玉料。器皿具有很高的观赏价值，因此琢磨技艺要求达到规整精细，除胎型周正匀实、内膛厚薄一致外，为呈现器皿色泽统一及小料大作的技艺，各部分配件均要从同块玉料中掏出并进行合理使用。器皿的环、链、耳、足需掏空成型，不能有丝毫破碎断裂。凡腹、盖、足、内膛需逐一磨平碾光。器皿以稳重、端庄、形美、玉润取胜。活环及链条成为器皿中常见的装饰手法。玉器器皿的装饰纹样，属于锦上添花之举，俗称上花，是器皿设计的重要环节，也是显示器皿艺术效果不可分割的部分。常用的图案纹饰有各种花草、人物、几何纹、云霞纹、龙凤鸟兽纹等。器皿的口、腹、颈、足等部位一般平素，没有纹饰。器皿中的薄胎及压丝嵌宝制品是艺术珍品。

薄胎的膛壁厚度仅 3 毫米左右，有的薄胎器皿壁薄如纸，双耳小巧饰以花卉。有的薄胎器皿可漂浮于水面，故称之为“水上漂”。薄胎压丝嵌宝技艺出现在清代，是由中亚传入的“痕玉”工艺，后在我国失传。北京潘秉衡大师潜心研究多年，于 20 世纪 50 年代恢复此技，并制作了许多精美之作。薄胎器皿宜选用色泽温润的青白玉、青玉、碧玉，此种玉料琢薄后易产生特有的晶莹润泽之光，而原本过于晶莹的玉料经琢磨后反显轻薄无骨，犹如玻璃之态。这也是未尝见以水晶料制作薄胎器皿之缘故。现代玉器器皿的主要代表作品有：北京的白玉花熏东方巨龙、白玉花熏巾帼英雄、翡翠花熏合香聚瑙、翡翠象垒、黄玉链瓶；上海的翡翠龙凤尊、翡翠大宝塔、碧玉周仲驹彝、白玉鸭壶等；扬州的白玉内链双瓶、白玉宝塔炉、白玉五行塔、白玉舞乐升平瓶等。其中，1957 年至 1959 年设计制作完成的，现藏于北京玉美集团总公司珍宝馆的白玉花熏东方巨龙，是件光彩夺目、名扬中外的玉器珍品。

玉山子，又称山子雕，以山水或山水伴有人物为题材，曾盛于明清，在几百年艺术实践中形成了鲜明的特色与规范。玉山子作品以保留整玉天然的外形为特点。山子因玉料体积重量不同，作品巨微不一，大的山子可达数吨重、一两米高，小的只寸许大小。清代以前，山子多采用新疆和田白玉、青白玉、青玉为料，现代除上述用料外，还采用翡翠为原料。翡翠大型整料相对常见，质地坚且润，色彩明丽，是制作山子的理想材料。现陈列在中国工艺美术馆内的碧玉聚珍图、白玉大千佛国图、翡翠岱岳奇观以及青玉汉柏图，是中国玉器史上继清代大禹治水图玉山、秋山行旅图、会昌九老图之后的大型山子珍品。这些作品无一不体现了当代玉山子的高超技艺。

玉器人物摆件具有很高的欣赏价值，20 世纪 60 年代后成为玉器门类中最大的品种，并在用料、琢磨以及题材、艺术表现形式等诸方面较先前有所突破。

此前，人物多为单人像（俗称棍子人），题材不外乎佛像、仕女、老人、童子等，艺术刻画手段也比较单一，因此作品颇显单调。20 世纪 60 年代，玉器设计师们在人物题材和艺术形式的拓宽、挖掘方面取得了突破，其标志是，在确立作品的主题时将人物与情节、环境相联系。因此，题材更丰富多样。这时的作品出现了两个人物的组像或两个以上人物的群像，其间配以与情节有关的道具、景物。即便没有道具、景物配置的双人组像，也通过人物间姿势的呼应、神态的刻画来增添气氛。因此，这时期的人物作品不仅具有情趣，且更具文化品位，从而大大提高了玉器人物的艺术感染力和工艺欣赏性。玉器人物用料要求较高，一般都选用质地紧密、颜色均匀且沉稳润泽的白玉、青白玉、青玉、碧玉等高档材料。用这些材料做出的人物脸部色泽均匀，整体视觉沉稳，从而使得作品的艺术价值、经济价值显著。

玉器花卉是仅次于玉器人物的另一大品类，是以玉石的材质美来表现花草美的艺术品，作品具有细腻、清新、俏丽的特点。20 世纪 60 年代初期，玉器花卉技艺日臻成熟。

玉器花卉的题材多选用牡丹、月季、山茶、牵牛花、梅、兰、竹、菊等，也常采用民间喜闻乐见的寓意吉祥如意的组合花卉，如四君子（梅、兰、竹、菊）、岁寒三友（松、竹、梅），以及牡丹、海棠等。为增强作品的生活情趣，花卉间常配有鸟雀虫草。20 世纪 50 年代末，花卉题材趋于通俗化，一批贴近现实生活的新题材作品应运而生，出现了黄瓜、白菜、萝卜等形象。玉器花卉依照圆雕作品立体三面观的功能和花卉优美鲜艳的特点，多选择形状饱满、色泽明快艳丽、质地润泽、少绺裂的玉料，如翡翠、岫玉等。中国现代玉器花卉注重作品的整体布局，在刻画作品的总体气势后再求花叶鸟雀的具体造型。花卉的瓶体造型与工艺要求平正单纯，花瓣层次多变，花叶琢磨得轻薄，使之具有视觉上的温柔感，充分体现出了巧夺天工的精绝技艺。花卉作品采用镂空琢、平琢、圆琢等多种手法，作品气韵生动，形象饱满，疏密有致。翡翠三秋瓶等作品都是现代玉器花卉的优秀代表作。

玉器兽是独立品种。中国用玉石制兽或以兽纹样作为玉器装饰的历史十分悠久。现代玉器兽可分为两类：

一类是继承明清时期的仿古、仿青铜器造型的变形兽，如独角兽、龙、门狮等。这类玉器兽造型夸张，风格敦厚。明清时期，这类作品除陈设外，主要用于辟邪，故而当代以此传统为范本的作品，神情威严，保留了浓厚的古代风貌。其所用玉料大多为色泽凝重的碧玉、墨玉。另一类玉器兽，以自然界的各种动物为原型，用写实手法造型、施艺，形成了现代玉器兽自然、生动、清新的风格。现代玉器兽作品主要用作礼品和陈设。20 世纪 70 年代前主要制作仿古玉兽，技艺精细。此后，玉风有较大演变，即由仿古向现代写实发展，着力探索用不同玉质、玉色表现不同动物的技艺要素，在形象刻画上注重动物的神态与形体结构，毛、皮表述简略，作品平洁素雅。简洁的外形、律动的结构和润泽玉质的有机结合，形成了和谐明快的现代韵律，使古老玉器兽作品的面貌焕然一新。现代玉器兽的主要产地有北京、上海、河南、辽宁等。

第三编　玉和中华民族

玉和中华民族的历史息息相关。在不断发展的历史进程中，玉器到底有着怎样的魅力，让我们如此推崇、把玩和倾慕呢？

无疑，这种魅力来自中华民族源远流长的玉文化。

什么是玉文化？玉文化是在玉器这一中国特有的文化载体中蕴含的中华民族的思想和精神，这种思想和精神依然在不断被诠释、继承和弘扬。从一定意义上说，玉文化是东方精神的物化体现，是中国传统文化精髓的物质根基，是中华民族精神的载体和化身。

一、玉——中华民族精神的化身

“天行健，君子以自强不息。”从茹毛饮血到如今的现代化建设，中华民族一代一代传承着文化和文明。玉制品从最初的工具演变为美化生活的装饰品。

在这个不断发展的历史进程中，玉器到底有着怎样的魅力，能使中国人民如此不遗余力地推崇、把玩和倾慕呢？

这种魅力，来自中华民族源远流长的玉文化。

什么是玉文化？玉文化是在玉器这一中国特有的文化载体中蕴含的中华民族的思想和精神，这种思想和精神依然不断被诠释、继承和弘扬。玉文化是东方精神的物化体现，是中国传统文化精髓的物质根基。中国的神治社会起自“三皇五帝”，中国人把玉看作天地精气的结晶，是人神心灵沟通的中介物，这使玉具有了不同寻常的宗教象征意义。取之于自然，琢磨于帝王宫苑的玉制品被看作显示身份地位的象征物，成为维系社会统治秩序的“礼制”的重要组成部分。历经数千年，玉器的文化内涵已不仅仅是玉石通灵，玉器早已走下神坛，摆脱了帝王的束缚，其文化内涵更多地表现为人们对美好生活的向往和追求。

玉文化是中国传统文化的一个重要组成部分。以玉为载体的玉器文明，不仅深深影响了古代中国人的思想观念，而且成为中华民族文化底蕴中不可缺少的一部分。“玉器文明”是中华文明有别于世界其他民族文明的显著特点。玉器伴随着中华民族历史、政治、文化和艺术的产生与发展，它影响着中华民族世世代代的观念和习俗，影响着中国历史上历朝历代的典章制度，影响着历代的文学乃至人们的信仰。

玉，集山川之精，人文之美，对中华民族的精神、道德、审美等产生了巨大的影响。

辉煌灿烂的玉文化包含的伟大的中华民族精神主要有：

“温润如玉”的君子最高准则；

“宁为玉碎”的爱国民族气节；

“化为玉帛”的团结友爱风尚；

“润泽以温”的无私奉献品德；

“守身如玉”的坚贞爱情信念；

“锐廉不挠”的开拓进取精神。

二、中国玉——民族之魂的载体

玉器绝非是用其色彩和光泽耀人耳目的，而是以其品质的特殊性及中国人所赋予的精神文化内涵而启人心扉、养人性情的。

作为宝石门类中的一种，玉的光泽比不上钻石诱人耀眼，然而正是这“光而不耀”才是中国人认为的至高境界，它发出润泽柔和的光，不会刺眼，却可养心。其他如“方而不割”“廉而不刿”“直而不肆”等对玉的表述，其意思皆指刚正不阿的内在本质，但表现出来的是柔和宜人的外在特征。说到底，“中国玉”是典型的“中庸”“太极”思想的极佳载体。也正因为玉有“不偏不倚”之特征，故才有孔子“玉有十一德”的论述。

这是一个有趣的故事。伟大的思想家孔子，有一次与其学生子贡探讨起玉为何贵重这个问题。《礼记 · 聘义》载，子贡问孔子曰：“敢问君子贵玉而贱碈者，何也？为玉之寡而碈之多欤？”子曰：“非为碈之多，故贱之也：玉之寡，故贵之也。夫昔者君子比德于玉焉：温润而泽，仁也；缜密以栗，知也；廉而不刿，义也；垂之如队，礼也；叩之，其声清越以长，其终绌然，乐也；瑕不掩瑜，瑜不掩瑕，忠也；孚尹旁达，信也；气如白虹，天也；精神见于山川，地也；圭璋特达，德也；天下莫不贵者，道也。《诗云》：‘言念君子，温其如玉。’故君子贵之也。”孔子说的“君子无故，玉不去身”正是因为君子与玉在比德啊！

这段话不仅记载在《论语》这部伟大的著作里，还记载在中国第一部字典《说文解字》中，并以贴切的比喻和说服力被社会接受，进而渗透到社会的各个层面。孔子的这些话总结了玉器文化的本质，开启了中华民族精神宝库中的又一道光辉之门。随着时间的推移，中国人不仅认为玉品就是人品，而且认为最美好的人和物都可以用玉来形容。“琼楼玉宇”是最好的宫殿，最美的女子便是“玉人”，而美男则被称作“玉树临风”，“金玉满堂”便是富贵，完美的帮助称作“玉成其事”……乾隆在审定用印制度时做了这样的朱批：“嘉玉较良金尤为宝贵。”这反映了一个盛世具有高水准文化修养的帝王对玉的基本态度。现代中国人的思想中也深深地打下了玉文化的烙印，宝物的“宝”（寶）字就是由“房子”“贝”“缶”和“玉”组成，简化字将所有的繁杂都去掉，单剩一个“玉”字在那里，人们一看就懂了。因为玉就是宝，所以简化字立刻就被大家认可。国家的“国”（國）字，繁写体框内一个“或”字，“或”在古时，就是国家。怎样才能让数亿中国人一看就接受“国”字的简化体呢？“玉”，玉是中国宝物之最，玉最能代表中国，中国人都希望国家美好如玉，跟人人希望住的是“琼楼玉宇”，吃的是“玉馔琼浆”，配“玉剑”，围“玉腰带”一样。从此，无玉不成国的“国”字就留在了人们的心里。中文词汇中“切磋”和“琢磨”，形象地揭示了对事物的研究要如做玉般细致入微。中国人的毅力、专注和恒心，在玉器制作上表露无遗。人类对石料的加工，从石器时代开始，沧海桑田，唯独中华民族将其推向极致，延续至今——一件玉作的完成，少则几个月，多至几十年甚而几代人。

五色的玉（白玉、黄玉、碧玉、墨玉、青玉）是神话中女娲补苍天的奇石，寄托了中国人许多超越现实的梦想。玉乃中华灵魂之所在，懂得了玉便懂得了中国精神。因而我们可以说，中国玉器是人类文明史上非常特殊的一个工艺门类，其特殊性表现在其历史的悠久性、民族的特有性、材料的局限性、制作的专业性及复杂性、内涵的丰富性、审美的特殊性等诸多方面。它是精神价值和物质价值的终极融汇，凝聚着中华民族的人杰地灵，象征和代表着中华民族最高的人品与人格，这是任何一门工艺都无法与之相提并论的。

正因如此，玉的价值也因时而异，随人而别，故有“黄金有价玉无价”一说。说到玉的价值，中国人往往会联想到人生的价值。子贡问孔子：“我有一块好玉，是做一个好盒子将它收藏起来，还是找一个好商人卖了它？”孔子说：“卖了它，卖了它。我不是也在待价而沽吗？”让人记忆犹新的是让秦昭王想疯了的那块和氏璧。秦昭王将此玉的价格哄抬到了十五座城池，才使得赵国将此璧亮相，而最后也因为本着“失玉就失国”的考虑，蔺相如才巧计

"完璧归赵"。这是因为玉已经升华为一种象征，那就是人格和国威的象征。

我们必须从这个角度去把握玉文化，才能理解中国玉器既属于宝石又超然于宝石之外的重要特性。

这些就是中国玉器所表达出来的人文意味，也是玉器文化的基本内容之一。

整个中国玉器史，大致经历了两个阶段。

第一个阶段是史前至汉代。这个时期的玉往往带有神秘色彩。玉被中国人广泛用于神灵崇拜、图腾崇拜、祭祀天地祖宗等，即处于"以玉事神"的阶段。玉还被用于等级制度等，如陪葬品的数量及形制、配饰的标准、馈赠的轻重和仪仗用玉等。这个阶段的玉器制作，浪漫主义占主导地位，体现了先民超凡的想象力和梦幻般的夸张，以及对大自然生命和非生命独特的理解，多被地位高的王、侯、巫及其亲属们拥有。

第二个阶段是唐代至今。这个阶段的玉器完全掀开了神秘的面纱，向生活化、世俗化、日用型、趣味型转变，将古时对玉虔诚的信奉演变为对未来，对美好生活的祝福、向往、祈求和庇佑，通俗来讲就是如今所说的"好意头"。这个阶段的玉器作为商品在平民中流通，在日常生活用具里出现，制作玉器的目的和用途逐渐明朗。在这个阶段，现实主义占了玉器制作的主导地位，体现出人们非凡的创造能力和生活品质的提高。

中国玉器史上有两个制作的高峰期。一是战国至两汉，那时思想活跃、开放，又发明了以脚踩为动力的跎机，大大激发了匠人的制作热情。二是清乾隆时期。虽然路途非常遥远，但交通相对发达；虽然制作特别耗时，但皇帝十分推崇。加上疆域广阔，故而原材料极为丰富。这两个时期，玉器做工极其精美考究，烦琐到无以复加，但前者明显有大汉朝的霸气和灵气，是浪漫主义艺术的总结。

玉由粗拙不堪到晶莹剔透，其历程是艰辛的。这就难怪重感情的中国人，要将它与君子的风骨相媲美了。如果你知道在那工具原始的时代，虽有精湛的手工技术，但一个精美的玉器作品，从采玉、开玉到雕琢成器的全部过程，可能要耗费掉一个人的一生，甚至更长久的光阴，那么，在对玉的喜爱中，恐怕要再加上一份疼惜吧！因为，那不仅是历史、文化、精神、岁月的一部分，还是生命的全部。

三、和田玉——中华民族的瑰宝

自新石器时代开始，我国就有了开采和应用软玉的历史。如在浙江余姚的河姆渡文化遗址中便发现了玉玦、玉珠、玉管等；在江苏吴县良渚文化遗址中发现了玉琮、玉璧等玉器数十件，玉琮、玉璧均为软玉；在河南安阳殷墟妇好墓中出土了数百件玉器，有白玉、青玉、墨玉等，玉材与现代新疆开采的软玉相同。据《竹书记年》记载，周穆王“十七年西征至昆仑丘”，赞曰：“唯天下之良山，宝玉之所在。”《穆天子传》又记载了采玉的方法：每当夏秋，当地老百姓结队下河捞玉，列队拉手而顺河走，脚下踏到玉石遍拾起。据考证，我国出土古代玉器中的软玉，可能均源自新疆。

和田位于新疆维吾尔自治区西南部。和田所产的玉石质地细腻，尤其“羊脂白玉”，色如凝脂，洁白无瑕，堪称玉石中的极品。和田玉被称为软玉，是我国玉文化的主体。和田玉的使用在我国至少有7000年的历史。和田玉韧性极强，质地细腻、坚韧，颜色多种多样，呈白、青、碧、墨等色；一般为油脂光泽，有时为蜡状光泽，半透明至不透明，无荧光或磷光。

软玉简称“玉”。尽管世界上有许多地方出产软玉，但中国人自新石器时代就使用软玉；奴隶社会时期，玉器成为祭祀礼器、随葬品，成为等级的标志和权力的象征；封建社会时期，玉被视为德或财富的象征，使得玉在中国古代文明中占有重要的地位，因而堪称中国国石。国外常称软玉为“中国玉”。

从殷商时期开始，和田玉就进入了中原。和田玉从新疆经过甘肃、陕西或山西才能运抵河南，路途漫长，弥足珍贵。传说，周穆王乘八骏大辇，出玉门登昆仑，受到西王母的热烈欢迎，曾载玉万只而归。传说归传说，在周代和田玉的确成为政治生活的一部分，祭祀、礼仪、朝觐，都有一套完整的规定，重礼崇乐的文化传统基本定型。汉朝张骞通西域后，和田玉大量进入中原。

《天工开物》中说："凡玉，贵重者尽出于阗。"为什么独有新疆的和田玉被尊为玉中的极品？这与玉石的形成有关。喜马拉雅造山运动使我国的玉石矿藏形成了三大板块：东北、西北、东南。和田玉的产地位于三大板块中的西北，该地具有先天的优势，其透闪石含量很高。就拿和田白玉或者青白玉来说，透闪石的含量都在 90% 以上。其中，玉中之王——和田"羊脂白玉"的透闪石含量竟然达到了 99%，难怪其如油似脂，洁白细腻，价值连城。

和田玉有山料和仔玉之分，以仔玉的质量为上乘。"羊脂白玉"就是上品中的上品。目前，世界上只有我国新疆有此品种，产出十分稀少，极其名贵。仔玉是原生矿经剥蚀后被流水冲到河流中的玉石，它经常分布在河床附近，或者裸露，或者被掩埋在地下。仔玉经常是卵形，表面光滑，经受了自然界长期的搬运、冲刷、分选才形成。明代著名药学家李时珍在《本草纲目》中说，玉有山产、水产两种，各地之玉多产在山上，于阗之玉则在河边。和田仔玉非其他玉所能及，"水产"也是其中一个不可替代的原因。

20 世纪 40 年代，一位苏联地质学家说过，"中国玉"理所应当成为中国的国石。他所说的"中国玉"就是指和田玉。可见和田玉无论在质量、历史、传承、民族认同度上都富有代表性，是中华民族的瑰宝，是中国的国石。在我国灿烂的玉文化发展史中，和田美玉的重要地位毋庸置疑。它色泽温雅，质感柔润，形质高贵，仿佛一位翩翩君子，千百年来受到帝王和百姓的热烈追捧。一块"羊脂白玉"动辄数万，甚至价值连城。同时，它也被赋予人的品质，达到了"人即玉，玉即人"的境界。由此可见，和田玉已经不单纯是自然的宝物，而是浓缩着中华民族性情与修养的象征物。在国石的评选中，和田玉正是以其历史的绵延传承和文化的灿烂积淀为最大特点。到目前为止，国人对玉石的认同大多集中在这千年美玉身上，它不瘟不火，雍容不迫，无论放在哪里，都会幽幽地散发出巨大的魅力。

从殷商时期开始，中国就开辟了以和田玉为主体的玉器工艺美术新时代。因和田玉登上了中华民族的玉坛，才出现了称誉世界的"东方艺术"，才形成了一部波澜壮阔的中国玉器史，成为中华民族灿烂文化的重要组成部分，同时也是人类艺术史上的辉煌成就和世界文化艺术宝库中的珍贵遗产。

第四编　玉和中国文化

有史以来，玉和中国文化就有着千丝万缕的联系。从古至今，人们喜欢把玉当作情人间相互表示爱慕、传递情感的一种信物，正如著名戏曲《玉梳记》《玉簪记》《紫钗记》向人们讲述的一个个曲折而美好的爱情故事。

《红楼梦》是一部与玉关系密切的著作，其中处处可见以“通灵宝玉”为代表的玉意象。古老的诗、词、歌、赋中，不乏玉的美丽姿态。和氏璧和传国玉玺的传奇故事，则在历史上留下了又一道迷人的风景。

一、金玉良缘——古代爱情中的信物文化

玉，其实只是一块石头，温而不香，但其沉静致密的特性使其成为情人间脉脉爱意的最佳载体。现代人把玉当作情人间相互表示爱慕、传递情感的一种信物，在古代更是如此。

汉时刘向《列仙传 · 卷上 · 萧史》中载有“弄玉吹箫”的美好爱情故事。春秋时期，秦穆公有个小女儿名叫弄玉，善音律，居住的地方有个楼台叫凤凰台。有一天，弄玉在凤凰台上吹奏起《凤凰鸣》，忽闻有箫声附和，晚上梦见一个美男子骑彩凤自天而降，立于凤凰台之上，告诉弄玉：“吾乃太华山之主，上帝命我与你结婚，在中秋那天相见。”说罢，解腰间玉箫，倚栏吹之，彩凤亦附和鸣叫起舞。弄玉醒来后，派人到太华山寻找。在中秋之夜，一名叫箫史的男子为穆公吹箫，“才品一曲，清风习习而来。奏第二曲，彩云四合。奏至第三曲，见白鹤成对，翔舞于空中；孔雀数双，栖息于林际；百鸟和鸣，经时方散”。穆公大悦，遂赐箫史与弄玉成婚。半年之后某天夜里，弄玉夫妇在凤凰台吹箫，忽然有“紫凤集于台之左，赤龙盘于台之右”，两人便乘龙乘凤，自凤凰台翔云而去。今有“乘龙快婿”，便是由此而来。

元末明初脍炙人口的杂剧《玉梳记》，亦作《对玉梳》，全称《荆楚臣重对玉梳记》，写的是扬州秀才荆楚臣爱恋“松江府上厅行首”顾玉香的爱情故事。荆顾二人相爱两年，情投意合，但此时荆楚臣金钱用尽，遭鸨母羞辱并被逐出。顾玉香鼓励荆楚臣赴京应试，考取功名。临别时，玉香将珍爱玉梳掂作两半，二人各持一半作为信物。荆楚臣走后，玉香相思忧烦，“茶饭少进，脂粉懒施”，“朝忘餐食无味，夜废寝眠难合”，闭门拒客。后来玉香逃出妓院，赶往京城去寻找荆楚臣，途中遭富商柳茂英拦截，持刀相逼。正

好赶上荆楚臣状元及第，赴任路过，便将玉香救出并与之相认。荆顾二人团聚，将玉梳“令银匠用金镶就”永存留念。

明代剧作家高濂的《玉簪记》向人们讲述了一段关于玉簪的爱情喜剧。南宋书生潘必正在临安应试落第，到金陵女贞观探访身为观主的姑母。大家闺秀陈妙常因避靖康之难，投至观中为女道士。在琴声和诗才的相互感发下，潘、陈二人互通情愫，成其好事。观主察觉，遂逼侄儿再赴科考，并亲自送其登舟起行。陈妙常急忙雇舟追赶恋人，两人在江上互赠玉簪和鸳鸯扇为信物。后潘必正考中得官，与陈妙常结为夫妻。

明代著名戏曲家汤显祖所作的《紫钗记》更是用女主人公所佩戴的紫玉钗向人们讲述了一个曲折而美好的爱情故事。陇西才子李益，游学长安，与霍王府小姐霍小玉在元宵节上偶遇，小玉不小心将紫玉钗丢失，李益正好捡到。两人互生情愫，便成了亲。婚后李益参加殿试，中了状元，但因得罪了当朝权贵卢太尉，被发配到玉门关外随军，不得还朝。李益在关外立功，却被卢太尉软禁，仍不能与小玉相见。卢太尉派人送信给小玉，骗说李益已经入赘卢府。小玉接到假信，十分伤心，怨恨李益薄情，但又不太相信，便耗尽家财寻访李益踪迹，最后变卖信物紫玉钗，恰被卢府买去。卢太尉知此钗乃李、霍定情之物，便用紫玉钗骗李益说，小玉已另嫁他人。两人由此产生误会。侠士黄衫客听说了此事，救出李益，使之与小玉相见。李益把紫玉钗给小玉戴上，两人冰释前嫌。黄衫客又把卢太尉专权、李益和小玉受屈一事参奏主上，结局圆满：奸人被惩罚，李益被封为集贤殿学士和鸾台侍郎，霍小玉为太原郡夫人。

二、“通灵宝玉”——《红楼梦》中的玉意象

在中国文学史中,《红楼梦》是一部与玉关系密切的著作。

此书原名《石头记》，全面而深刻地揭示了封建制度的不合理性，并预示了封建社会必然走向灭亡的客观规律。因此，无论是红学的爱好者，还是古玉文化的爱好者，都有必要从玉文化的角度深入研读一番，以进一步深刻理解《红楼梦》这一鸿篇巨制的价值和写作的艺术手法。

首先,《红楼梦》借“通灵宝玉”对传统玉观念和学说进行了无情的嘲讽。

通读《红楼梦》，联系中国传统的玉文化理论，我们可清楚地看到，书中“通灵宝玉”的诞生和最终的结局是对封建社会中玉是天地主宰和天地之精学说的无情嘲讽和否定。我们从下列几方面得到验证：

书中的“通灵宝玉”原是娲皇炼制而成，可谓天地之精华。虽经锻炼，但无力补天，继被僧道刻上神奇印记，使之堕落凡胎，遂由小儿衔之而带入红尘。这说明玉并非像历代统治阶级渲染的是天地之主宰。

宣扬“人玉一体”。书中大凡讲到宝玉的地方，似乎都可理解为贾宝玉本人。而若干关于贾宝玉的情节，又似乎是在讲那块“通灵宝玉”的历史。“通灵宝玉”的经历，不仅象征着贾宝玉的思想性格，还映照着贾府的盛衰，意味着封建统治的衰落。

“借玉非今”——作者自云曾经历过一番梦幻之后，故将真事隐去，而借“通灵宝玉”说此《石头记》也。这一个“借”字，证明那“通灵宝玉”并非作者杜撰，而是世上原本有之，不过权且借来一用罢了。但书中借来的“通灵宝玉”却和传统的玉大不相同了。玉历来被誉为能辟邪除祟、永保吉祥之物，而书中的“通灵宝玉”却喻示着覆灭和消亡；作者描写贾宝玉衔玉

而生，显然是违反客观规律的，这进一步说明“通灵宝玉”所预示的覆灭又是由于违反客观规律所至。

曹雪芹借用天地造化的说教来塑造人物形象，又用谶纬的手法来预示情节，借一块“通灵宝玉”，让吉祥的玉石来象征主人公的温柔富贵，但最后却又用完全相反的结局来说明其纯属无稽之谈。它既不能保住贾府世袭的荣华，也不能保住封建王朝的百年沿袭。作者巧妙地运用了玉文化中关于玉石起源的理论，创作了一个从顽石到宝玉再到顽石的梦幻，使之贯穿于全书的情节之中，实际上是对传统玉理论的彻底批判和无情嘲讽。

其次，对“通灵宝玉”的褒贬是封建社会政治斗争的体现。

《红楼梦》中的各色人等，对一块“仙寿恒昌”的宝玉视之如命者有之，嫉如寇仇者亦有之；趋炎附势者有之，鄙夷唾弃者亦有之。例如贾府最高统治者贾母曾直接宣称“通灵宝玉”是贾宝玉的命根子。当宝玉丢失时，立即悬赏一万两银子以寻求宝玉。实际上，贾母不仅把“通灵宝玉”视作贾宝玉的命根子，也视作贾府和整个封建社会的命根子。

北静王路祭秦可卿，指名要见宝玉，声言“久欲一见为快”，直至见了，连称名不虚传。后来还特意仿造了一件赝品供贾宝玉玩耍，这无疑代表了一班王公大臣对玉的崇拜心理。

持褒玉态度的人们，主要是属于统治阶级内部的人物，属于社会的中上阶层，这些人的命运和封建王朝的命运连在一起。

而持贬玉态度的也大有人在，连贾宝玉本人也包括在内。“什么罕物？人的高下不识，还说灵不灵呢？我也不要这劳什子。”“可知这不是个好东西。”“我已有了心了，要那玉何用？”

鸳鸯抗婚，哭诉于老夫人前，竟有一句惊天动地之词：“我这一辈子，别说是宝玉，就是‘宝金’‘宝银’‘宝天王’‘宝皇帝’，横竖不嫁人就完了。”

这些例子都对吉祥权威的宝玉进行了鞭笞，也是对封建社会进行的反抗和斗争。

第三，从作品中能感受到曹雪芹对玉本身的喜爱。

这一部恢宏的巨著本身写的就是一块“玉”，曹雪芹用浪漫主义的手法描写了一块“通灵宝玉”。这块玉大如雀卵，灿若明霞，莹润如酥，五色花纹缠护，这正是玉典型的特征，把玉的形、色、质、美表现得淋漓尽致。金玉缘主人公叫贾宝玉，“通灵宝玉”佩在身上，莫失莫忘，不离不弃，是贾宝玉的命根子。而另一位女主人公叫林黛玉，又是玉，一个是阆苑仙葩，一个是美玉无瑕，说的就是林黛玉和贾宝玉。还有一位重要的人物，就是妙玉，又是一块玉。曹雪芹在判词中写：“玉带林中挂，金钗雪里埋。”“玉带林中挂”倒过来念，就是林黛玉。写妙玉“可怜金玉质，终陷淖泥中”，把妙玉比为金玉质。在小说中，与宝玉同辈的贾府男人们，都是以“玉”字偏旁的字取名的，如贾琏、贾珍、贾环、贾瑞、贾琮、贾琉等。

小说描写贾府时说道：“贾不假，白玉为堂金作马。”其他描写玉的诗句有“珠玉自应传盛世，神仙何幸下瑶台”。在“世外仙源”中有“香融金谷酒，花媚玉堂人”的句子。在“有凤来仪”中有“秀玉初诚实，堪宜待凤凰”的句子。林黛玉题帕诗中有“抛珠滚玉只偷潸，镇日无心镇日闲”的句子，还有“半卷湘帘半掩门，碾冰为土玉为盆”的句子。探春有“玉是精神难比洁，雪为肌骨易销魂”的句子。贾宝玉有“出浴太真冰作影，捧心西子玉为魂”的句子。薛宝钗有“淡极始知花更艳，愁多焉得玉无痕”的句子。史湘云有“神仙昨日降都门，种得蓝田玉一盆”的句子。

“玉入其国则为国之重器，玉入其家则为传世之宝”，曹雪芹则把自己人生的理想寄托在这块顽石美玉里了。以对中国传统玉文化的研究为起点，结合作者对“通灵宝玉”的诞生与历劫描述的研究，是进行红学研究的一个重要的途径。

三、玉树银花——诗词歌赋中的玉姿态

富有魅力的玉石文化是中国传统文化的重要组成部分。中国的玉石文化兴起于新石器时代，据考古资料证实，1975 年在云南省呈贡县龙潭发掘的一批旧石器时代石器中，就已有用水晶、玛瑙和玉髓制作的器物。从原始艺术的角度看，这些出土文物证实了我国远古时期的先人已经具有较高的珠宝审美意识了。

首先，中华民族对玉总有一种敬意。

先秦时期，美丽奢华的玉饰品就作为民间礼尚往来之物了。如《崧高》中载："我送舅氏，悠悠我思。何以赠之？琼瑰玉佩。"从中可见玉具有别具一格的审美价值。又如《卷阿》中载："如圭如璋，令闻令望。"这是写君子仪表堂堂，如玉器一般威武壮美，可见玉的独特地位。

西周至春秋时期，人们对玉的认识是宽泛的，也是朴素的。《诗经》作品中称赞人物是："彼其之子，美如玉。美如玉，殊异乎公族。"此外，当时的人们还把玉作为喻人、喻物、喻事的最重要的喻体。君王的出场是"济济辟王，左右奉璋"；君子的赠物是"琼瑰玉佩"，"报之以琼瑶"；对君子的祝福是"佩玉将将，寿考不忘"。先哲们还用玉来说明事理："伯圭之玷，尚可磨也，斯言之玷，不可为也。"教育君子要执身如玉，言行举止应谨慎。

我国在诗赋中撰写玉最早的诗人是屈原，他在《离骚》《天问》《九歌》中有关玉的描述俯拾即是。在《离骚》中描述道："览察草木其犹未得兮，岂珵美之能当。""颙"就是一种美玉。《九歌》中有更丰富的玉石审美感受。如在《大司命》中："灵衣兮被被，玉佩兮陆离。"这里诗人写出了玉饰品七彩杂沓、"光怪陆离"的审美感受。

魏晋以后，出现了灿若繁星的玉文化名作与名家。如隋朝孔绍安的《别徐永元秀才》:“金汤既失险，玉石乃同焚。”唐朝李白的《赠瑕丘王少府》:“我隐屠钓下，尔当玉石分。”北宋王安石的《次韵子履远寄之作》:“飘然逐客出都门，士论应悲玉石焚。”

其次，古人对玉有着解不开的情结。

西周以后，玉的道德化、政治化、宗教化过程业已完成，并成为道德、习俗、神灵、财富、权力的象征物。人们不仅认为人应如玉一般美丽，还认为人的思想品质、道德情操也要如玉般无瑕洁净。他们用玉作为参照物来描写一些具体的事物，如自然风光、人体美、人的美德等，说明对玉的审美已经得到了社会的普遍认同。

我们的祖先用诗词歌赋的文学形式记录和抒写了对玉石的审美感受，以玉描述自然的美妙景观，描述人的美貌和美德，这说明玉石文化在中华民族的心理结构中占据着重要的位置。

以玉描述自然景观：

古代诗人用玉描写自然景观的静态美。唐贺知章的《咏柳》:“碧玉妆成一树高，万条垂下绿丝绦。”元王冕的《素梅四十》:“看来都是梅花树，个个春风玉佩环。”

玉也用于描写动态美，诗人由玉的表象联想到水。元刘敏中的《菩萨蛮》:“绣江江水清如玉，梅花香满清江曲。”唐李白的《忆旧游寄谯郡元参军》:“时时出向城西曲，晋祠流水如碧玉。”唐元稹的《远望》:“仲宣无限思乡泪，漳水东流碧玉波。”

以玉描述人的美貌：

南北朝庾信的《杨柳歌》:“凤凰新管箫史吹，朱鸟春窗玉女窥。”唐王维的《洛阳女儿行》:“自怜碧玉亲教舞，不惜珊瑚持与人”，“谁怜越女颜如玉，贫贱江头自浣纱。”

以玉描述人的美德：

这是我国诗人欣赏玉石的最高境界。屈原的《怀沙》:“怀瑾握瑜兮，穷不知所示。”这是将玉喻为美德。北宋黄庭坚的《黄颍州挽词三首》:“胸中明玉石，仕路困风沙。”此句以玉言志。玉色纯净，故常用玉比喻贞操和志气，如“守身如玉”，“宁为玉碎，不为瓦全”。

四、赌石为玉——中国最早的赌石故事

和氏璧是历史上非常传奇的一块美玉，在春秋战国时期由楚国人卞和在楚山中发现。卞和将其献给楚厉王，楚厉王让雕琢玉器的工匠来看。工匠说，只是一块普通的石头。楚厉王认为卞和欺骗了自己，以“欺君之罪”削去了卞和的左足。楚厉王驾崩后，武王继位。卞和为武王献上这块玉璧，武王找雕琢玉器的工匠来看，工匠仍然认为这是一块普通的石头。于是武王削去了卞和的右足。武王驾崩后文王继位，卞和知道后抱着玉璧在楚山下哭了三天三夜，眼睛都哭出了血。文王知道后，问卞和为什么如此伤心。卞和说：“我不是因为自己受了刑罚伤心，是因为宝玉被当成了石头，忠贞的人被当成了欺君之徒才伤心。”于是文王命人剖开这块石头，一见果然是稀世珍宝，于是将其命名为“和氏璧”。

和氏璧后来为赵王所得，秦国对其觊觎已久，于是有了“蔺相如完璧归赵”的故事。

战国时期，赵王得到了一块名贵宝玉和氏璧。这件事情让秦国大王知道了，他就写了封信，派人去见赵王，说愿意用十五座城池来换那块宝玉。

赵王看了信，心里想：秦王一向是只想占便宜，不肯吃亏的人，这一次怎么这么大方？要不答应吧，怕秦国兴兵来进攻。要答应吧，又怕上当。他想来想去拿不定主意，就跟大臣们商量。大臣们也想不出什么好办法来。

蔺相如知道了，对赵王说：“大王，让我带着和氏璧去见秦王吧，到那里我见机行事。如果秦王不肯用十五座城池来交换，我一定把和氏璧完整地带回来。”赵王知道蔺相如是个勇敢、机智的人，就同意他去了。

蔺相如到了秦国，秦王在王宫里接见了他。蔺相如双手把和氏璧献给秦王。秦王接过来左看右看，非常喜爱。他看完了，又传给大臣们一个一个地看，然后又交给后宫的美女们去看。

蔺相如一个人站在旁边，等了很久，也不见秦王提起割让十五座城池的事，他知道秦王根本没有用城池换宝玉的诚意。可是宝玉已经到了秦王手里，怎么才能拿回来呢？他想来想去，想出了一个计策。他就走上前去，对秦王说："这块和氏璧看着虽然挺好，可是有一点儿小毛病，让我指给大王看。"秦王一听有毛病，赶紧叫人把宝玉交给蔺相如。

蔺相如拿着和氏璧往后退了几步，身子靠在柱子上，气冲冲地对秦王说："当初大王差人送信给赵王，说情愿拿十五座城池来换赵国的和氏璧。赵国大臣都说，千万别相信秦国骗人的话，我可不这么想。我说老百姓还讲信义呢，何况秦国的大王哩！赵王听了我的劝告，这才派我把和氏璧送来。方才大王把宝玉接了过去，随便交给下面的人传看，却不提换十五座城池的事情。这样看来，大王确实没有用城池换璧的真心。现在宝玉在我的手里。如果大王硬要逼迫我，我情愿把自己的脑袋跟这块宝玉一块儿碰碎在这根柱子上！"说着，蔺相如举起和氏璧，对着柱子，就要摔过去。

秦王本来想叫武士去抢，可是又怕蔺相如真的把宝玉摔碎，连忙向蔺相如赔不是，说："大夫不要着急，我说的话怎么能不算数！"说着叫人把地图拿来，假惺惺地指着地图说："从这儿到那儿，一共十五座城池，都划给赵国。"蔺相如心想：秦王常常会耍鬼把戏，可别再上他的当！他跟秦王说："这块和氏璧是天下有名的宝贝。我送它到秦国来的时候，赵王斋戒了五天，还在朝廷上举行了隆重的送宝玉仪式。现在大王要接受这块宝玉，也应该斋戒五天，在朝廷上举行接受宝玉的仪式，我才能把宝玉献上。"秦王说："好！就这么办吧！"之后，秦王就派人送蔺相如回驿馆休息。

蔺相如拿着那块宝玉到了驿馆，就叫一个手下打扮成买卖人的样子，把宝玉包着，藏在身上，偷偷地从小道跑回赵国去了。至于秦王会把自己怎么样，蔺相如一点儿也没有考虑。

后来秦王发觉这件事，后悔莫及，想发兵攻打赵国吧，赵国在军事上做了准备。最后，秦王只好放蔺相如回赵国。

数十年后，秦一统天下，最终得到和氏璧，将其做成传国玉玺。

楚厉王、楚武王及雕师不知道"赌石"，于是把宝玉当成了普通的石头，还误会了卞和。楚文王赌了一把，赌出了稀世美玉和氏璧，这就是历史上最早的赌石故事。

其实，并不能怪厉王、武王及玉雕师看走眼，直到如今有了先进的科技和仪器，靠外观鉴别原石依然是一件极其困难的事。原石在开采出来的时候，外表有一层风化的表皮，需要切开方能知道其质量，这样，原石就有了赌性。得到（通常是买到）的原石，切开后有可能是价值连城的美玉，也可能只是砖头废料。对待原石，即使经验最丰富的专家，也不可能百分百判断里面究竟是什么，所谓“神仙难断寸玉”指的便是此事。

赌石有很多传奇的故事，著名的“段家玉”就是赌出来的。民国时期，一个叫段盛才的玉商买到一块三百多斤的翡翠毛料，他找了许多人来看，都说里面没料。于是段盛才把这块石头放在门口拴马。马的缰绳长年累月地磨这块石头，磨开后见到一层淡绿色的表皮。段盛才这才把这块石头切开，里面居然是种、水、色皆为上品的翡翠。据说这块段家玉被做成四百多只手镯，最漂亮的一对被宋美龄买走。

五、传国玉玺——沉浮中的玉传承

姑且不论传国玉玺是否用和氏璧琢制，秦始皇一统天下后，确实令玉工雕琢过一枚皇帝玉玺，称之为“天子玺”。据史书记载，此玺用陕西蓝田白玉雕琢而成，玉玺上的刻文是丞相李斯以大篆书写的“受命于天，既寿永昌”八个字。

传国玉玺自问世后，就开始了富有传奇色彩的经历。传说公元前 219 年，秦始皇南巡行至洞庭湖时，风浪骤起，所乘之舟行将覆没。始皇帝抛传国玉玺于湖中，祀神镇浪，方得平安过湖。八年后，当他出行至华阴平舒道时，有人持玉玺站在道中，对侍从说：“请将此玺还给祖龙（秦始皇代称）。”言毕不见踪影，传国玉玺复归于秦。

秦末战乱，刘邦率兵先入咸阳。秦亡国之君子婴将“天子玺”献给刘邦。刘邦建汉登基，佩此传国玉玺，称之为“汉传国玺”。此后玉玺珍藏在长乐宫，成为皇权的象征。西汉末王莽篡权，皇帝刘婴年仅两岁，玉玺由孝元太后掌管。王莽命安阳侯王舜逼太后交出玉玺，遭太后怒斥。太后怒中掷玉玺于地时，玉玺被摔掉一角，后以金补之，从此留下瑕痕。

王莽败后，玉玺几经转手，最终落到汉光武帝刘秀手里，并传于东汉诸帝。东汉末，十常侍作乱，少帝仓皇出逃，来不及带走玉玺，返宫后发现玉玺失踪。直到“十八路诸侯讨董卓”，孙坚部下在洛阳城南甄宫井中打捞出一宫女尸体，从她颈下锦囊中发现传国玉玺，孙坚视为吉祥之兆，于是做起了当皇帝的美梦。不料孙坚军中有人将此事告知袁绍，袁绍闻之，立即扣押孙坚之妻，逼孙坚交出玉玺。后来袁绍兄弟败，传国玉玺复归汉献帝。

三国鼎立时，玉玺属魏；三国一统，玉玺归晋。西晋末年，北方陷入朝代更迭频繁、动荡不安的时代。传国玉玺被不停地争来夺去。晋怀帝永嘉五年（公元 311 年），玉玺归前赵刘聪。东晋咸和四年（公元 329 年），后赵石勒灭前赵，得玉玺；后赵大将冉闵杀石鉴自立，复夺玉玺。此阶段还出现了几方“私刻”的玉玺，包括东晋朝廷刻玺、西燕慕容永刻玺、姚秦玉玺等。到南朝梁武帝时，降将侯景反叛，劫得传国玉玺。不久，侯景败，玉玺被投入栖霞寺井中，寺僧将玺捞出收存，后献给陈武帝。

隋唐时，传国玉玺仍为统治者至宝。五代朱温篡唐后，玉玺又遭厄运，后唐废帝李从珂被契丹击败，持玉玺登楼自焚，玉玺至此下落不明。

由于历代统治者极力宣扬获得此玺是“天命所归”“祥瑞之兆”，自宋代起，真假传国玉玺屡被发现。如宋绍圣三年（公元 1096 年），咸阳人段义称修房舍时从地下掘得“色绿如蓝，温润而泽”“背螭钮五盘”的玉印，经翰林学士蔡京等 13 名官员“考证”，认定是“真秦制传国玺”。然而，据后世人考证，这是蔡京等人为欺骗皇帝而玩的把戏。明弘治十三年（公元 1500 年），户县毛志学在泥河里得玉玺，由陕西巡抚熊羽中呈献孝宗皇帝。相传元末由元顺帝带入沙漠的传国玉玺，后被金太宗皇太极访得。清初宫内藏玉玺 39 方，其中被称为传国玉玺者，却被乾隆皇帝看作赝品，可见此物的真真假假实难确定。据说真正的传国玉玺在明灭元时，被元将带到漠北了。真正的传国玉玺是否和氏璧所制？究竟流向了何方？至今仍众说纷纭，莫衷一是。

明清两朝人士对传国玉玺的态度，已经与以往时代有所不同。据《明史·舆服志·皇帝宝玺》载，礼部尚书傅瀚谈及地方送来的传国玺时评论道：“自秦始皇得蓝田玉以为玺，汉以后传用之。自是巧争力取，谓得此乃足已受命，而不知受命以德，不以玺也。故求之不得，则伪造以欺人；得之则君臣色喜，以夸示于天下。是皆贻笑千载。”清高宗御制《国朝传宝记》载：“会典所不载者，复有‘受命于天，既寿永昌’一玺，不知何时附藏殿内，反置之正中。按其词虽类古所传秦玺，而篆文拙俗，非李斯虫鸟之旧明甚……若论宝，无非秦玺，既真秦玺，亦何足贵！”

六、有女若玉——从玉词语看中国的女性文化

玉在我国的历史可谓源远流长。从旧石器时代的玉石混用，到新石器时代的精美玉器，人们对玉的审美意识逐步提升，将玉转化为神物顶礼膜拜。到春秋战国时期，玉器的观赏功能被人们重视，其审美价值渐渐超越了实用价值。汉代以后，玉的功能主要以观赏为主。在如此漫长的玉文化演变中，人们用玉比喻一切极致的美。玉成为财富、美德、学识、容貌、信义等美好事物的喻体。玉所折射出的丰富文化内涵，我们能够从语言中得以证实。

汉语常用词和词组中以“玉”为词根的有 1000 多个。汉语词汇里的同根词恐怕没有哪一个能够与之相比了。在如此浩大的玉词语中与女性相关的词语又居多数，约占总数的十分之一。为什么人们在描写女性的时候特别喜欢用玉作为喻体呢？这中间反映出人们怎样的审美心理？玉与女性之美又有着什么样的渊源呢？

“丽华秀玉色，汉女娇朱颜。”这句诗是李白《南都行》中的佳句，此处用“玉色”比喻女子貌美。用“玉”象征美貌的用例，早在《诗经 · 国风》中就有记载。“彼其之子，美如玉。美如玉，殊异乎公族。”“白纯束，有女如玉。”以《诗经》为契机，人们沿用以玉比美的传统，创造出一大批词汇。这些词语产生在不同的时代，反映出了其在不同历史时期的影响力。我们可试从有记载“玉”的书证起算，剖析“以玉比貌”在各个朝代的用例及其所蕴涵的文化。

战国时期楚国宋玉在《笛赋》中曰：“赤颜臻，玉貌起，吟《清商》，追流徵。”《吕氏春秋 · 贵直》中记载：“惠公即位二年，淫色暴慢，身好玉女。”这里的“玉貌”“玉女”都用借代的手法，代称美貌的女子。晋代王嘉《拾

遗记·后汉》中也有类似记载："灵帝乘船以游漾，使宫人乘之，选玉色轻体者，以执篙戟，摇漾于渠中。"从这些史料中可看出，用"玉"代指的绝代佳人，似乎毫无尊严和人格而言，而仅仅处于一种被欣赏、把玩的附庸地位。

当然，也有单纯用"玉"形容女子貌美的诗句。晋代的陆机就有"玉容谁得顾，倾城在一弹"的绝妙佳句。"长眉横玉脸，皓腕卷轻纱"是南朝梁代丘迟的诗句。诗仙李白也有"玉面耶溪女，青蛾红粉妆"的佳句。这里的"玉容""玉脸""玉面"都是形容女子貌美如玉。

到了唐宋时期，形容女子像玉一样美好的词语大量出现。如："玉人""玉仙""玉姝""玉童""玉润""玉颊""玉蛾""玉奴""玉芙蓉""玉儿""玉真""玉京人"。这些丰富的词语大多产生于文人墨客的笔下，从这些描写女子容貌的诗词中，可感受到古代的一种审美倾向。古人辨玉的标准，在陈性的《玉纪》中概括为"体如凝脂，精光内蕴，质厚温润，声音洪亮"。而在中国的传统文化里，内敛含蓄、温文尔雅、刚柔一体的女子方达到至美的境界。这样，玉与女性在审美实质、审美方向上形神相合。语言经过长久的积淀，充分地反映了这种思想。

到了元明清时期，出现在戏曲中的以玉比貌的词语也不少。元朝张鸣善的"雾鬓云鬟，楚宫腰素妆打扮，恰便似玉天仙谪降人间"中的"玉天仙"；班惟志套曲中的"是谁家玉卿？只恁般可憎，唤的人一枕蝴蝶梦儿醒"里的"玉卿"；王仲元套曲中的"把一固玉臂婵娟，闪在瑶台月底"中的"玉臂婵娟"；还有"玉娉婷""玉靥""玉盂""玉簪"都指女子貌美。为什么有这么多以"玉"为词根的词来指美女呢？这与玉在中国社会的审美地位和文化地位相关。在长久的历史时期内，人们在对玉的审美变化中，逐渐悟出了玉的时代风尚、文化内涵和气质。玉作为一种丰富的文化载体，不仅体现了人们外在的行为规范，还进一步渗透到人们的内心深处，影响着人们的思维方式和审美模式。正如清朝俞樾在《群经平议·尔雅二》中所言："古人之间，凡甚美者则以玉言之。《尚书》之'玉食'，《礼记》之'玉女'，《仪礼》之'玉锦'，皆是也。""以玉比貌"是玉文化中的一个重要分支。

中国人对美女的认同和期望，是温文尔雅，轻柔悠然，内敛含蓄的。如《世说新语·贤媛》中形容两位女子之美："王夫人神情散朗，故有林下风气；

顾家妇清心玉映，自是闺房之秀。”而玉质之坚洁，玉色之温润，真玉之难求，美玉之赏心悦目，这种审美心理和审美享受，与美貌女子带给人们的心理美感相得益彰。在这种审美的趋同下，产生了丰富的以玉喻女子美貌的词语。这是我们从事物的积极方面入手去看待问题。而事实上，中国古代社会女性的处境告知人们如此多带有“玉”的词用在女性身上，也许反映的恰是传统文化的消极方面。“青莲两瓣开，玉荀双尖跷”是明朝玉磬《清江引 · 蒲靴》中的诗句。此处用“玉荀”指女子经过缠足后的小脚，这在当时被喻为最美。

不仅用“玉”比喻女子的美貌，女性的肢体、身材、音容笑貌、举手投足都被赋予玉的含义，用来表达人们对女子的赞美、欣赏和钦羡。如：玉甲、玉爪，指女子指甲的美丽；玉尖、玉指、玉葱、玉粳、玉纤、玉纤纤，指手指之纤细、美丽；玉肌、玉软、玉雪、玉质、玉娇，指肌肤的洁净细腻；玉柄、玉臂、玉藕，指女子的手臂骨肉匀称；还有玉齿、玉腕、玉手、玉掌、玉腰、玉骨、玉体等词语，几乎女子身体的各个部位都可以用“玉”来美化。这些词语全面地展示了女子的静态美。形容女子动态之美的词也有很多，如：“玉姿”“亭亭玉立”都形象地再现了女子的优美姿态。还有丰富的以玉比貌的成语，全方位地用玉喻女子之美。内在之美，冰清玉润；外在之美，仙姿玉色；具体之美，粉妆玉琢；抽象之美，瑶环瑜珥；身材之美，亭亭玉立；肌肤之美，冰肌玉骨。美女流泪，是抛珠滚玉。美女娇嫩柔弱，是玉软花柔，软玉娇香，温香软玉，温香艳玉。美女的声音，是珠圆玉润。女子的贞洁之美，是冰清玉洁，守身如玉。出身名门的女子是金枝玉叶，琼枝玉叶。女子的不幸身亡，是香消玉减，玉殒香消，玉碎珠沉，玉葬得埋，珠沉玉没。

玉与女子有着千丝万缕的联系。经过历史长期的积淀，产生了丰富的玉词语。当我们运用和赏析这些词语时，一方面从中领悟到了人们对女性美的欣赏，对玉价值的认可以及对二者审美价值的认同与首肯；另一方面也反映出传统文化的消极方面，暴露了中国古代社会女性地位低下的历史事实。而中国社会重男轻女之观念，实自殷代即有之。《韩非子》里有这样的详细记载：“产男则相贺，产女则杀之。”即认为生女不吉，杀而求吉理所当然。当“玉荀”“玉钩”“玉弓”所代表的审美标准走向另极端时，它已成为迫害和制约女性的枷锁。

刘大同在《古玉辩》中提出："伏思吾国文艺之开化，以玉为最古，其他皆在其后。"许多学者甚至认为，在中国历史上曾经存在一个玉器时代，这样的设想尚未定论，但从中可以感受到玉文化在中国的深远影响。正如英国伟大科学家李约瑟博士曾赞许，"对玉的爱好，可以说是中国文化的特色之一，三千多年以来，它的质地、形状和颜色一直启发着雕刻家、画家和诗人的灵魂。丰富的玉词语就产生在这样的大文化背景下，玉与女性在形神相合的审美趋同下走到了一起。

七、中华民族崇玉的心理成因

其一，玉具有异乎寻常的实用价值。

周代，人们已把透明度好、质地均匀的玉料制作成耐用的生产工具，并用这些工具同自然做斗争，这是因为玉的硬度大。由此可见，崇玉的心理成因，最重要的一点就是玉制工具能帮助人们征服自然。《管子》言：“以珠玉为上币，以黄金为中币，以刀布为下币。”可见这也是“玉价值”的最好诠释。

其二，玉具有审美和装饰的价值。

美玉具有三个条件：美丽、稀贵和耐久性。用玉石原料制成玉器可作为装饰品、观赏品、陈列品及其他工艺美术品。而且玉制礼器能帮助人们趋利避邪，玉饰能装点和美化人们的生活。

罗丹说：“发现了美，便得到了艺术。”在五光十色的珠宝中，玉就是以其冰肌玉质、晶莹碧绿和温润玲珑而博得人们青睐的。玉石的美可以体现在色彩美、材质美、晶莹美和特殊的光学美上。而玉石制成的首饰又可以体现工艺美、款式美、富丽美及精神美。玉雕作品不仅具有美学意义，还有着象征意义。

其三，玉是政治与道德品质的象征。

古代人以佩玉来表明自己是谦谦君子。玉还是王公贵族身份、地位、权贵的象征。因此，玉一直是与政治联系在一起的。春秋战国时期，六种不同的官吏使用六种不同的玉器，即六瑞制：“王执镇圭，公执桓圭，侯执信圭，伯执躬圭，子执谷璧，男执蒲璧。”从秦朝开始，皇帝采用以玉为玺的制度，一直沿袭至清朝。“执玉来朝远，还珠入贡频”，玉在历史上一直是非常重要的贡品和收藏品。以玉来预测凶吉，了解未来，因此，玉也与宗教信仰紧密相关。至关重要的是，古人将玉加以人性化，认为玉有“仁、义、智、勇、洁”五德，有“君子比德于玉”之说。

其四，玉使文人墨客“爱屋及乌”。

在古代的诗词歌赋中，常用玉来比喻和形容一些美好的人和事物，寄托情思，妙笔生花。古代学者根据玉的本质特点及其与事物的联系，在诗词歌赋中形容美女“玉体纤柔”“香肌玉润”“冰凝玉洁”“冰肌玉骨”“冰姿玉质”。周权的《念奴娇·姑苏台怀古》曰：“当日倾城人似玉，曾醉台中春色。”白朴的《阳春曲·题情》：“鬓云懒理松金凤，胭粉慵施减玉容。”周权的《百字谣·久雨得晴再用韵》：“冷雨难禁，红脂洗脱，半露肤如玉。”乾隆皇帝对玉也是情有独钟，题有《观承光殿玉瓮再作歌》，诗曰：“和阗玉瓮昨琢成，质文较此都倍赢，周监在殷殷监夏，一经数典惕予情。”

由以上可以看出，中国是世界上唯一知玉、用玉、崇玉并有自己独特玉文化的国家，玉文化与中华民族的文明发展息息相关。玉除了作为装饰品外，还与中华民族的政治、经济、宗教、伦理、文化等都有着密切的联系。

八、玉意——寓意

玉器雕琢的图案总是有一定的意义，玉石行有句行话，叫作：“玉必有工，工必有意，意必吉祥。”吉祥瑞图是中国传统装饰艺术的一种，通过动物、植物、器物、人、神、圣、仙、佛的形象与传说，以图文、谐音等形式作为祥瑞标志，表现人的愿望、追求、寄托和向往。中华民族有着几千年的文化积淀，流传着许多传说、典故，为玉器雕琢提供了丰富的素材。

1. 吉祥瑞兽

龙

龙居中国四大吉祥神兽之首，自古为中华民族的图腾，有帝王的寓意。传说龙生九子。

龙九子之中，唯六子霸下好负重，其身形似龟，头似龙，被称为碑座兽，亦有“神灵大龟”之称，民间多称其为“龙龟”。因龙龟好负重，寓意能为人挡灾煞、减祸害，故人们认为其有镇宅兴家的作用，能福泽庇佑众生。

龙在民间则比喻男子，目前已成为华人心目中最尊贵的吉祥物，是神武、力量、卓越、掌财的象征。

印章上多有五龙、七龙、九龙等单数雕刻。按五行说，男人属阳，女人属阴，故单数为阳，双数为阴，因龙为皇帝的象征，故只选单数雕刻龙形。

九龙即为九州，寓意皇权和天下，因此九龙象征尊贵至极。清代皇帝的龙袍一般绣九龙，但从正面或背面看都是五条龙，合“九五之尊”的帝王称号，所以五龙也吉，五龙更有“舞龙”之意。

凤凰

凤凰是“鸟中之王”，也是中国古代最著名的吉祥鸟。凤凰原本是阳性的，又被称为太阳鸟、火凤凰，而龙原本是阴性的，它是水生动物的代表。大约到了汉代，由于刘邦自称是白龙转世，把皇帝说成是真龙天子，龙便由阴性动物转化为阳性动物，而凤凰则由阳性动物转化为阴性动物并成为皇后的象征。

几千年来，凤凰在我国人民的心目中，一直被视为美丽、吉祥、善良、宁静、有德、自然、顺天道、尚人文、致太平、向光明的象征，多比喻夫妻相亲相爱或祝人婚姻美满。

麒麟

麒麟中雄曰麒，雌曰麟，外形奇特，生有龙头、鹿角、马蹄、牛尾、狼额，身上披五彩鳞甲。人们视麒麟为吉祥物，传说中凡麒麟踩过的地方，都会给那里的人们带来好运，故有“麒麟吉祥”之说。

在传统文化中，麒麟是祥瑞的象征，古来就有“盛世出麒麟”的说法，同时民间也笃信麒麟是消灾解难、驱除邪魔、镇宅避煞、催财升迁的吉兽。

龟

龟甲的纹理奇特。中国人一直相信，龟甲隐藏着天地的秘密，因此龟也成为一种神秘而蕴藏着丰富文化内涵的动物。同时，因为龟寿命极长，所以成了长寿的象征，人们多用“龟龄”喻人之长寿，或与“鹤龄”结合称“龟龄鹤寿”“龟鹤齐龄”。

自古以来人们相信龟能带来祥瑞，摆放玉龟可以调节室内磁场，能补运气旺财位，用玉龟镇宅可平平安安，吉祥富贵。

貔貅

貔貅是古代瑞兽，现代的人们也视貔貅为吉兽。貔貅的口越大，就越能挣钱；肚子越圆，就越能装钱。貔貅倍受喜爱，是因为貔貅有一个极为罕见的特点：有口无肛，也就是只有进而没有出。于是人们希望能像貔貅一样“只有进而没有出”，所以才会不惜万金以求招徕无尽财气。

一般认为“貔貅”会旺偏财，所以从来外汇、股票、期货等行业的公司会在营业的地方摆放一只貔貅。

金蟾

金蟾是古代神话中的吉祥之物，背背北斗七星，嘴衔两串铜钱，头顶太极两仪。俗语说：“得金蟾者必富。”故其形象寓意财源茂盛。

喜鹊

喜鹊一般代表有喜事。如果雕的是飞在梅花枝头、树梢等就表示喜上眉梢，雕在门户边则是喜事临门。

鹤

鹤在百鸟中是一品鸟，仙鹤图案表示的是官居一品，仕途有成，富贵通达。

鹰

鹰敏锐，高瞻远瞩。雄鹰展翅代表大展宏图，鹏程万里，事业有成。

蝙蝠

蝠即“福”。在中国传统文化中，谐音的运用非常多。

鹿

鹿同“禄”，鹿是灵兽，有平安吉祥之意。

2. 十二生肖

鼠：五鼠运财，常雕作五鼠抱钱、拖钱、推钱等姿态。

牛：太上老君的坐骑为牛，是稳重、勤劳的象征，且吉祥辟邪。

虎：百兽之王为虎，虎也代表吉祥、霸气及地位。

兔：兔为吉祥，双兔、玉兔等也表示宁静、和平和温顺。

龙：帝王权威，夫妻美满，出人头地。

蛇：即小龙。

马：马到成功，一马当先，要是猴骑在马上则是“马上封侯”，有马有龙就是龙马精神。

羊：三阳开泰，羊表示智慧、太平。

猴：灵兽，代表聪慧、健康，具有活力。

鸡：把鸡雕在牡丹花冠之下代表官上加官；若一只大鸡旁有五只小鸡则代表五子登科；雄鸡常表示雄气、勤劳；同样，鸡也代表吉祥，雄鸡打鸣又称“功名”。

狗：代表忠诚、聪慧、勇敢。

猪：代表财富和幸福。

3. 吉祥寓意

福禄寿：蝙蝠、鹿（或者葫芦，谐音“福禄”）和桃。

多福多寿：一枝寿桃数只蝙蝠，或一只蝙蝠两个寿桃。

五福捧寿：五只蝙蝠和一个“寿”字。

福寿双全：除蝙蝠（灵兽也可）和桃外，还有四枚铜钱，寓意双全。

福寿延年：蝙蝠、桃和仙鹤寓意福气多、长寿。

福寿有余：蝙蝠、桃和鱼构成图案。

长命富贵：一雄鸡引颈长鸣、牡丹花一枝；雄鸡长鸣寓长命，牡丹乃富贵之花，寓富贵。

流云百福：云纹和蝙蝠。

一生幸福如意：花生、蝙蝠和如意。

福在眼前：蝙蝠和铜钱构成图案，表示福气就要到来。

子孙万代（多子多福）：开嘴石榴或者葡萄、葫芦。

二龙戏珠：两条云龙，一颗火珠，表示吉祥安泰和平安长寿之意。

松鹤延年：鹤与松树；松，除象征长寿之外，还作为有志、有节的象征；故松鹤延年有延年益寿、志节高尚之意。

鹤鹿同春：鹤鹿与松树，古人称鹿为仙兽，“鹿”与“禄”谐音，“鹤”与“合”谐音，固有六合同春之意，也有富贵长寿之说。

百事如意：常用柏树、柿子和灵芝表示。

事事如意：柿子和如意。

吉祥如意（样样如意）：羊或者锦鸡，代表吉祥，图案上有云纹。

必定如意：毛笔、银锭和如意。

大吉大利：常用橘和荔枝图案表示，有吉祥顺利之意。

喜上眉梢：梅花枝头站立两只喜鹊；两只喜鹊即双喜之意，“梅”与“眉”谐音，借喜鹊登在梅花枝头，寓意喜上眉梢和双喜临门。

喜从天降：图案为一蜘蛛网上吊着一个蜘蛛，因为我国民间习俗称蜘蛛为喜蛛，称之为喜从天降。

马上封侯：马上有一蜂（封）一猴（侯），寓意立即升迁；一大猴背一小猴，又称“辈辈侯”。

代代封侯：一只猴子趴在钱袋子上。

一路荣华：一枝鹭鸶、一叶芦苇与芙蓉构成图案。

一路连科：一枝鹭鸶与莲花构成图案。

连年有余：鱼、荷花、莲叶。

金玉满堂：图案主要由金鱼构成，“金鱼”与“金玉”谐音。

四季平安：图案为四季豆，或两童子一人捧花，一人捧瓶。

步步高升：图案为一节一节的竹子，节节高即步步高。

竹报平安：图案为竹和瓶子。

第五编　中国古玉的辨伪

在中国玉器数千年的发展史中，在我们爱玉、藏玉的同时，还有一个必须面对的问题：辨玉。

古玉市场风云莫测，真品赝器鱼龙混杂，真假难辨，众多古玉收藏爱好者如同雾里看花，无从下手。什么是真正的古玉？古玉器常见的作伪方法有哪些？如何提高自己的识玉能力，在形形色色的玉器里练就一双火眼金睛？

一、古玉五辨

“石之美者”为玉。玉有晶莹、温润的特点，视之玩之，令人赏心悦目。在中国人的收藏赏玩清单中从来不缺玉，古往今来，因玉有特殊的用途和美感，而广受推崇，身价不菲。

中国玉料分为三大系。第一是透闪石，俗称软玉，最典型的就是大名鼎鼎的和田玉。第二是岫玉。岫玉分布广，有名的如辽宁的岫岩玉，甘肃酒泉的祁连玉（用来做夜光杯的玉），北京十三陵的京黄玉等，硬度比昆仑玉略低。第三是其他杂玉，俗称地方玉。

但是，在当代藏玉热中，人们过分强调玉的材质，推崇玉的升值投机功能，让人不得不扼腕叹息。其实，“藏玉”绝不应该与“藏料”画等号。

中国人用玉可以追溯到旧石器时代晚期，历朝历代有大量的古玉存留下来。这些古玉除了质料的价值外，还具有极高的文物价值，是一个时代历史的固化物。因此，对于真正的收藏家来说，古玉的上述价值远比材料价值更大。

不过古玉假货很多，故而收藏难度大，需要藏家具有很高的鉴别与鉴赏能力，不仅要鉴玉料，还要鉴年代和真伪，很多人因为难辨真假而选择观望，导致古玉收藏市场远不及新玉兴旺。古玉被低估，难以体现它本来的价值，大量珍贵的古玉低价流失到了海外藏家手中。

古玉的收藏和辨别，宜从以下几方面着手：

辨材质

鉴在藏先！除了经验之外，古玉鉴别还是有规律可循的。首先就要看它的材料，即是不是玉？是什么玉？这看似简单，却至关重要。

市场上常见的假玉有些是玻璃仿制品，识别玉与玻璃的方法很简单，玻璃一般是浇模而成，高温玻璃液在模具的边沿多少会冒溢出一点儿，冷却后就会隐隐凸起，用肉眼就能发现。如果手上有放大镜，可以迎光观察，只要在其中发现一个气泡就是假玉。如果是以现代高分子材料制作的假玉，用这个方法难以识别，可以观察其表面是否有玉的天然石纹。如果没有，就是假玉。白居易的诗句"试玉要烧三日满，辨材须待七年期"其实讲的也是一种破坏性的辨玉方法，这在古代颇为流行。

除此之外，还要判断所用之玉是否与年代相符。

古时由于交通不发达，一村一寨、一城一国大都划地而居，像徐霞客那样见多识广的行者毕竟属于少数，大多数农人一生都在一个村落中度过，因此地理的疆界常常也是文化的分界点，古人制玉也就大都就地取材。如著名的红山文化玉器用的就是辽宁本地的岫岩玉，良渚文化玉器常用的是产于江苏省南京溧阳县小梅岭一带的矿石。如果材料与年代不符就肯定是假货。再如，历史记载楚人卞和得璞于"楚山"，后制成了和氏璧和秦始皇的传国玉玺。周南泉分析楚山之璞可能产自昔为楚地的河南南阳，此地的独山玉类似翡翠。鉴翡翠俗称"赌石"，就是因其外表与一般石料无异，裂之才能见玉，不好分辨，卞和献玉才会被楚王误认为欺君。

战国以后，昆仑之玉与代马、胡犬并列成为当时统治者心目中的"三宝"，代马是春秋赵国代地之马，是极出众的战马，赵国当年就是靠着代马胡服骑射，才练出一支傲视诸侯的骑兵。胡犬高大威猛，体型毛发异于中原犬类，代马、胡犬都是不可多得之物，昆仑之玉与它们并列，可见贵重。

战国以后，九成以上的玉器用料都是"昆仑山系玉"，即和田玉。《天工开物》载："凡贵重用者尽出于阗、葱岭。"可兹为证。20 世纪 80 年代以后逐渐多用青海玉、俄罗斯玉等。这些玉石虽是透闪石系玉，但其中新疆和田玉质地细腻，温润而凝重，俗称真玉，是玉中的极品。与和田玉相比，青海玉有明显的水线纹，俄罗斯玉则颜色惨白。因此，战国以后的重要玉礼器一般都会选用上好的和田玉制作以示贵重，如果是用青海玉或俄罗斯玉制成的古代玉器，则都是假仿之作。

辨玉色

玉的颜色有本色、皮色、沁色。

玉的本色一般有白、青、黄、碧、墨五色。除了本色外，玉石在野外经过长期的地质变化和雨水冲刷、浸泡，在表面会形成一层黄色、褐色或红色的皮色。汉魏、两宋辽金、清乾隆三个时期的古玉制作喜欢利用皮色巧妙设计，使皮色成为玉器造型的一部分。

沁色是玉器接触到的物质蚀入玉质当中留下的颜色。

古玉被发现之前大多埋藏在土中，或是散放在墓穴中，时间一长，就有了沁色。一些故弄玄虚的古玩商将红沁说成是血沁，将黑沁说成是水银沁，等等，其实这种说法可笑至极。

天然形成的沁色很难人工模仿，因此也是假玉最常露出破绽的地方。人工沁色惯用的手法有蒸、炸、煮、烧、烤等热处理法，还有的用强硫酸、强碱等物质浸泡。这些破坏式的方法形成的颜色仔细观察都会有裂痕，色彩单调，而且有一种奇怪的轻浮感。

民间人造沁色的方法千奇百怪，据说还有一种偏方，就是用不流血的办法将狗打死，然后把玉器塞入狗腹中，几年后玉中就有血沁。人工做沁色，大都求速成，跟历经千年形成的沁色很难一样，用强光手电照玉，就能发现真正的沁色是沁到玉的肌理之中的，而人工的沁色仅在玉的表面。

辨工艺

“玉不琢不成器”，但如何琢玉，不同历史时期工艺差别很大。由于玉的硬度很高，今天人们加工玉器时要使用切割机等各种机械器具。古代加工玉器是“他山之石，可以攻玉”，主要是利用硬度高于玉的解玉砂，辅以水来研磨玉石。

工艺不同，古玉自然会呈现出不同的造型细节。石器时代没有金属工具，只能用竹子、硬木、骨头、皮革甚至鲨鱼牙带动解玉砂研磨玉器，因此，在玉器上打出的孔眼大多不太正，孔径较大。在硬度上，不管是硬木还是后来的青铜棒都比解玉砂软，玉石被磨开的同时，工具也被磨尖了，所以打出的玉孔全都是喇叭孔，进口大出口小，这也是古玉的一个重要特征。

例如，殷商的玉人和唐代的玉马。玉人上的线条，行话叫“双勾”，每一条线条都由两条线组成，两条线粗细不一样，一条粗一条细。玉马上的马鬃用砣子带动解玉砂磨成，所以用放大镜看时，它的线条都是一段一段的，不是一条连贯到底的。这些工艺痕迹的细节可以帮助判断古玉的朝代，也能用来辨别真伪。

辨造型纹饰

古玉的造型与时代的审美时尚、文化禁忌有关。同样的羊，每个朝代的造型都不一样。商周时期的比较抽象，没什么雕刻工艺，鲜有镂空，都是将石料稍微加工而成的，后世的就越来越繁复生动。

玉龟，在宋朝和宋朝以前较常见，普遍受到欢迎，因为它象征长寿。宋朝以后玉龟则比较罕见，因为送人玉龟等同于骂人是乌龟。玉兔原本也很吉利，但到宋以后就不做了，因为兔子尾巴长不了，送兔子表示咒人短命。宋代强调“图必有意，意必吉祥”。莲花与童子在一起，寓意“连生贵子”；莲花与鱼结合，寓意“连年有余”；鹿表禄，牡丹表富贵等。玉骆驼在唐朝很流行，唐三彩中尤多，但到宋以后因为骆驼负重受累不讨喜，也就用得少了。佛像造型更明显，早期的玉观音是男相，唐朝以后开始变成女相。魏晋的佛陀造像干瘦，唐以后变得丰腴。我们最常见的龙造型其实历朝历代也有差别。龙须在明朝以前是没有的，鲇鱼须是典型的清代造型。元朝的龙大部分是三爪，而康熙时龙是四爪，三爪前一爪后，乾隆时龙就变成了五爪。龙鳞到东汉晚期才有，更早的龙，像红山玉龙没有爪子也没有脚，更为不同。

辨功用

古玉根据功用，可分为兵器、工具、礼器、丧葬玉、佩饰、器皿和摆件等。

玉兵器和玉工具在青铜器出现前比较多，商代以后，绝大多数的玉兵器和玉工具已经失去了实用价值，退出实用领域，成为一种礼器，象征主人的身份地位并用于礼仪仪仗。玉礼器出现更早，早在新石器时代，就有大量的玉琮等玉礼器。丧葬玉，也称葬玉，是古人专为保存尸体制造的玉器，而不是指所有的随葬玉。古人认为人有九窍，以玉覆之可以防止人死后灵魂出窍，所以会有专门的葬玉塞入人的鼻、嘴、耳、眼、生殖器和肛门。佩饰玉是古人用于服饰、头饰等方面的玉器，大多精巧轻便。古人以玉比德，佩饰玉是身份和修养的象征，所以多选上佳质料制作，是古玉收藏的重点对象。玉器皿商代就有了，因为用料多、制作难，直到明清才成为玉器中的主流，且数量多，种类繁。玉摆件是观赏陈设性玉器，包括玉雕的动物、玉人、玉牌、玉屏风、玉山子、玉如意等。

在古玉鉴藏中，判断功用是基本内容。

古玉的辨识当然不止上述几个方面，我们需要一辈子当小学生，不断积累经验。市面上还有一种最难辨识的古人仿古玉器。汉朝就有仿古玉，明清两代因追求“法先王”，因此仿制古玉很多。仿古玉虽然在造型上模仿，但是仍会在工艺上露出马脚。

道高一尺，魔高一丈。造假者永远存在，没有一个藏家敢说没有看走过眼，古玉的真假破立也是收藏中的考验和乐趣。

二、古玉器常见的作伪方法及鉴别

在“普天之下，莫非王土，率土之滨，莫非王臣”的社会中，皇帝的一切嗜好、愿望就是天意，皇帝有权力无限地满足自己的占有欲和各种癖好！宋代宫廷开始仿制古玉器，皇宫中设有玉院，专门生产时用玉器和仿古玉器，南宋高宗时期还曾专门编了百卷《古玉图谱》，详细地描绘了他所拥有的古代玉器的纹饰器形。上行下效，搜觅古玉器、仿制古玉器之风从此大盛。

清代宫廷对仿古的热情较之宋代有过之而无不及。从新石器时代的琮、璧、圭一直到明“子冈”款器物都是玉匠的模仿对象。除了在雕琢技术上力图逼真地表现出古代玉器的艺术风格和加工特点外，为了乱真，还对大部分作品做了人工染色处理。宫廷玉作中用和田玉所制的仿古玉圭、玉人几乎达到以假乱真的地步，令人叹服。由于乾隆痴迷精致古朴的玉器，尤其珍爱古玉，并且对之有研究，清代宫廷仿古玉器绝大多数都以传世精品为母本，在制作上精益求精，所以代表了仿古玉器史上的最高水平。酷嗜古玉的乾隆皇帝不仅四处搜寻古玉，还不断要求宫廷玉匠仿制古玉器，在他高兴时也常常慷慨地赏赐皇族大臣。不仅如此，乾隆还亲自操刀，为宫廷收藏的古玉器题诗，并写了《圭瑁说》《搢圭说》等，推动了古玉器的研究。于是朝野痴迷，下大功夫“盘”真古玉，也下苦功夫仿制古玉。“盘”，指盘玉。古玉器往往出自坟墓，自然带有土锈色沁，为了便于进呈宫廷或长官、长辈，同时也出于好古者把玩的需要，得到出土古玉的人喜欢用各种办法把古玉外表的土锈去掉，这个去除土锈的过程就叫盘玉。盘玉一般要经过洗净、水煮，然后用铁皮细擦，考究的则贴身放置，以人气养之，不管用什么办法，都须经常把玩。据说，如此这般后，这件古玉器的污浊霉气退净，受色之处愈来愈艳，显露出古玉器特有的沉稳温润。用现代的眼光来看，盘玉似乎比较符合卫生要求。由于有大利可图，清代出现了好几家著名的仿制古玉器的作坊，作伪的手法、作伪的技术登峰造极，出现了一大批可以乱真的赝品，不仅骗过了一般的收藏者，甚至也骗过了眼界极高的乾隆皇帝本人。民国时期，玉贾为了谋取巨额利润制造了更多的赝品，粗制滥造者虽多，但仍能欺骗一般收藏者。

仿造古玉器的方法极多，从大的方面来说可以分为“古玉后作”和“新玉仿古”。

古玉后作包括古玉改作和古玉后雕。

古玉改作不易被识破，且能以次充好，因此经常被作伪者使用。从古代流传下来的古玉大件，器形完整者总是凤毛麟角，出于各种目的，改作者尽量按原来器物的造型及纹饰改成零星小件，或对残器进行补整，对容易暴露庐山真面目的斧凿之痕，重点进行染色、褪光。如一块已经破碎的玉璧，玉贾认为如果照原样出售，大多无人问津或即使有人愿意收购，买方也不可能出高价，于是，往往根据其残破情况改作。如缺一半则将尚存的改为璜；如缺一小部分，则改为玦；如里口残缺则磨去一层改为瑗；若是外边残缺，则磨去一层改为环。至于补整也不少见，如一块璧破碎了，则以颜色相仿的玉甚至是金银补之，这种方法，在爱玉成癖、嗜古成风的中国很早就屡屡出现。

古玉后雕指对未成器形或器形不规整、雕琢不精的古玉进行加工；将素面的或一面有纹饰一面素面的古玉器重新切磋，雕琢纹饰。素面的玉斧、玉圭、玉璧、玉璜乃至玉琮等古玉器是被较多选用的器物。据调查，利用新发现的古玉或加工粗糙的古玉仿造古玉器，有时多达伪制器的十分之一。

新玉仿古与古玉后作的区别，顾名思义，一为新玉，一为古玉。新玉仿古也可以分为两种，我们称之为新玉臆古和新玉摹古。

宋代开仿古之先河，所仿古玉似古非古，有时甚至不伦不类。这在考古资料严重缺乏、断代知识刚开始积累的宋代，确实是难免的。后代仿古者，包括宫廷仿制，也往往采用宋元时代的考古图录，如按《考古图》《古玉图谱》等摹绘的古玉形状、纹饰仿制。如根据宋聂崇义的《三礼图》中的玉璧图仿造古璧：刻若干株蒲草的谓之蒲纹玉璧，琢几棵稻穗的谓之谷纹璧，此类“杰作”早已贻笑大方。由于此类图录缺乏考古依据，许多都是“拍脑袋”发明的，所以一些稍有考古知识者就能明辨。但是，由于时代久远，器物本身已成研究仿古玉器的重要资料，也不乏研究保存价值。由于这些仿古玉器是主观臆造的产物，我们称之为新玉臆古。

新玉摹古是完全根据出土玉器的形制、纹饰，用新玉仿制的仿古玉器。在这类赝品中尤以宫廷玉匠精心仿制的玉器最难识别。因此，必须更认真谨慎地对待。清朝宫廷对汉代玉器的鉴定极负盛名，所制仿古玉器也以这一时期为多。仿造者从器形纹饰乃至雕琢技术都刻意模仿，甚至能逼真地模仿出汉代玉佩上的游丝跳刀法。

经入土的传世古玉极为罕见，入土古玉因为长年受地气、矿物质等的侵蚀浸染，颜色发生变化，出现了斑、沁等，这种颜色变化叫沁色。沁色虽然本身是一种瑕疵，但也是一种经历沧海桑田的外观标志，自然也成了鉴定家辨别是否为古玉的重要依据。

在嗜古者眼里，沁色是美妙的。在他们那里沁色名称繁多。色如甘栗，名曰“对黄”；色如蜜蜡，名曰“老对黄”；受水银沁而色黑的被称为“纯漆黑”；受血沁深者为“酱紫斑”，浅者名“枣皮红”；其他如“丹顶红”“金韶颜”“紫灵芝”“梨花白”“蛾眉篱”“牛毛纹”“鹏鸽斑”“石榴子”等形象生动，而“梅花数点”“银湾浮萍”“长虹贯日”“太白经天”“金星绕月”“玉带缠绕”“孤雁宿滩”“苍龙浴海”等，不仅诗意盎然，而且传神达意！

嗜古者对沁色的多寡也有专门的雅称：受一色沁者，名曰纯一不杂；受二色沁者，名曰黑白分明；受三色沁者，名曰三光照耀，俗称三元及第，又曰桃园结义；受四色沁者，誉为四维生辉，又名福禄寿喜；受五色沁者，美称五星聚魁，又称五福呈祥；多至十色以上，名曰群仙上寿，又称万福攸同。据说曾有谚语曰：“玉得五色沁，胜得十万金。”如此注重沁色怎不令逐利之徒怦然心动！

为了提高售价，更为了便于仿制古玉，历代作伪者炮制出了一系列对玉染色造假的方法，这些方法不仅如今仍被广泛运用，而且还不断推陈出新。因为作伪者深知，形象仿制得再好，如果不能有效地掩盖赝品的新琢痕迹，一旦败露岂不功亏一篑？更何况人工染色还能掩去玉质的瑕斑，以劣充优。

烧、烤、煮、炸是人工染色的主要方法，但要使玉色酷肖古玉器，尤其是获得需要染成的颜色，便常常要综合使用这些染色法，下面这些手法是较为常见的：

油炸法：方法是将玉器需要染色的部分放入油锅中炸，因油炸时间的长短不同，玉器表面就会出现深浅不一的枣皮红、橘皮红等色。

酸蚀法：将玉器放入强酸之中，使玉器表面高低不平，有的经过强酸腐蚀后会呈现鸡骨白色，之后再按需要染色。

褪光法：褪光法原是盘玉者常用之法。古玉有一种特有的温润柔和的光泽，仿古玉器即使是古玉新雕，刀琢之痕仍“贼光四溢”。于是，作伪者往往将仿古玉器放入糠麸中摩擦，在摩擦中利用糠麸的油脂，均匀褪光，使新玉产生古玉般柔和温润的光泽。

煨头：将玉器用火烧烤，变为灰白色，仿鸡骨白沁色。古玩家称其为“伪古灰古”，但有被烧制后的细裂纹。

羊玉：将优质玉器植入活羊腿中，数年后取出，产生血色纹理，仿传世古玉。

狗玉：将玉器放入刚杀死的狗腹内，数年后取出，产生土花斑纹。

梅玉：将质差的玉器，用乌梅水煮，再用提油法上色，冒充“水坑古”。

风玉：玉器经浓灰水和乌梅水煮后，趁热取出，置风雪中一昼夜，产生冻裂纹，冒充古玉中的牛毛纹。

叩锈：用铁屑拌玉器坯料，用热醋淬火，放入潮湿地下十数天，取出后再埋入交通要道地下数月，取出，产生橙红色橘皮纹。

提油：用硇提之法使玉器上色，如硇砂提。

老提油：用一种草汁加少许硇砂，腌于玉器纹理中，再烧烤，使玉器纹理内产生鸡血红。

死玉：埋入土中的玉器，遇金变黑，像水银沁。

造黄土锈法：将玉器涂上胶水，埋入黄泥土中，产生黄土锈。

造血沁法：将玉器埋入猪血和黄土混合的泥中，较长时间后，产生黄土锈血沁色。

造黑斑法：水煮、火烤、抹醋等，产生黑斑。

琥珀玉：在玉器的瑕疵处或需要染色处用金刚钻划出痕迹，在缝中涂入琥珀，然后放在文火上慢慢烧烤使之变色。

三、古玉器辨伪要点

古玉器的辨伪是一门非常专业、严谨的学问。拥有较高的鉴赏能力和成熟的辨伪技巧的专家，一定是非常注意学习的。他们借鉴前人和当代学者、专家的研究方法、研究手段，熟知每个时代玉器的器形、纹饰、琢工等特征。要想提高自己的鉴赏和辨伪能力，必须从以下几方面着手：

第一，努力拓宽自己的知识面。除熟读中国玉器史外，还应熟读中国通史、中国工艺美术史，研究中国的青铜、陶瓷、书画等艺术，追踪现代考古学的最新发现。

第二，大量接触、研究实物。专业人员“近水楼台”，可通过对实物大量的类比研究，快速提高自己的辨伪能力。广大爱好者除了虚心向专业人员请教外，认真研究图片画册，注意听各类讲座，仔细观察博物馆藏品，还可利用闲暇时间去古玩店或古玩市场对各种真品或赝品进行比较研究。这些都是提高自己辨伪能力很好的途径。

第三，有条件的应该向治玉工匠虚心请教。熟悉现代治玉特点、琢玉方法，对深刻领会各代玉器的治玉工艺特点有不可取代的作用。如震惊中外的妇好墓玉器出土后，专家学者深入玉雕厂广泛听取琢玉工人的意见，虚心向老玉工请教一事，就是最好的例子。

第四，对玉材应该有一定的认识。是玉还是非玉，好玉还是玉皮，这直接影响着古玉的价值。

辨伪之事不是三言两语能说明白的，但拿到一件玉器应该一看外形，二看纹饰，三看琢制特点，四看玉质，五看沁色。

器形是器物给人的第一印象。判断某器为某物后，就可以根据该器物的发展演变和某时代该具有的特征去判断它是真品还是赝品，这是辨伪的第一步。

优美的造型和纹饰是玉器惹人喜爱的必备条件，每个时代的纹饰都有每个时代的特点：龙山文化为复杂阴线勾连的兽面纹；商代的纹饰有令人注目的“臣”字眼；春秋战国以谷纹、蒲纹等为代表，日趋抽象繁密。

一块玉必须经过多道工序才能成为一件玉器，琢制时的锯片、钻孔、雕琢等加工情况是判断玉器优劣真赝的重要标准。

和田玉即软玉，是汉代才大量进入中原地区。翡翠是明末传入中国，清代才较多使用的硬玉。因此，用和田玉制造的新石器时代的玉器可能为真品；而用翡翠制造的汉玉，真正制作年代绝不会太早，但用昂贵的翡翠伪造古玉从经济上考虑是绝对不合算的，因此它是极少量的，一般为宫廷仿造。现在充斥古玩街的，都是一些价格低廉的制品。

沁色的深浅、形状是辨伪的一大要点，需要提醒广大读者的是，不是所有的“出世古”都有沁色，而现在众多古玩摊上看起来天衣无缝的“古玉”，是运用高科技人工染色的产物。

人工染色虽可乱真，但细心辨析还是能准确识别的。如伪造的“鸡骨白”干枯似石，缺乏玉特有的温润感；人造血沁细嗅来有一股血腥味，且迄今的考古发掘得到的玉器中尚未发现有此种沁色。至于用提油法上色的玉器，油腻感很难消除。

现在的古玩市场上，仿制品极多，有战国的龙形纹玉佩，汉代的各种龙纹或虎纹的小件器、玉佩饰，明代的子冈款玉佩，等等。玉辟邪、玉龙、玉马也是仿制较多的对象。现代的造假者也掌握着几手可以用“卓越”二字形容的染色技术，他们一般喜欢把小件器通体染成烟垢色，也喜欢在玉璧、玉辟邪上人工染上土黄色和灰黑色。掌握了上述这些特点，才不会受骗上当。

第六编　走向世界的中国玉器

玉是中华民族的瑰宝，在中国的历史进程中放射出灿烂的光辉。玉是中华民族文化的特色之一，在世界上独树一帜，誉满天下。

民族的，才是世界的。在中国文化和世界文化的发展过程中，玉的影响无处不在。中国玉文化是中国的文化，更是世界的文化。中国玉器文化正在走向世界，赢得世人的喜爱。

中国玉文化是中国文化之根。作为中国人，我们应该为有这么博大的文化之根而骄傲。

一、在扬弃中发展中国玉雕文化

中国玉雕工艺，已经历了数千年的历史。在它漫长的发展过程中，历经沧桑，有过史前、殷商、汉代、盛唐、清代等几个发展的鼎盛时期。而每一次的鼎盛和辉煌都离不开在继承传统基础上的创新和发展，也就是扬弃的过程。

扬弃指新事物对旧事物既抛弃又继承的关系。它要求人们对待一切事物都要采取科学分析的态度，充分考虑事物存在的条件，既要在肯定中看到否定，又要在否定中看到肯定；既不能肯定一切，又不能否定一切。例如对待历史文化遗产，对待历史人物的功过，对待外国文化等，都应采取批判继承的态度，合理地为我所用。那种全盘接收或一概排斥的态度都是错误的。同样，对待玉雕艺术也要去其糟粕，取其精华，要有批判，也要有继承，不能简单地肯定一切或否定一切，既反对盲目守旧，也反对盲目创新。守旧与创新是相辅相成、缺一不可的。

我们要坚持扬弃，不断创新，批判继承，大力弘扬玉雕这项优秀的传统文化。玉雕文化不是一成不变的，而是随着时代的发展而发展。拒绝发展的文化是没有生命力的，只知道沿袭祖先的衣钵，就是倒退。任何民族的文化都要变革，只有变革才可能使其具有时代气息，保持蓬勃的生机。坚持扬弃，更要创新。文化的生命在于它是不断创新的，没有创新谈不上发展，谈不上繁荣，更谈不上有生命力。从根本意义上说，改革和创新才是对优秀传统文化的真正弘扬。应坚持在改革创新中继承，在继承中创新并发展。对玉雕文化的创新与发展应注意以下几种关系：

第一，传统文化与现代文化的关系。

传统文化与现代文化，一是旧，一是新，但它们并不完全排斥，而是互相联结的。我们重视传统文化，是因为传统文化中有现代社会所需要的，所以对传统文化不能全盘否定，也不能奉行拿来主义，而是要辩证地看——去其糟粕，要发展地用——取其精华，如此才能让传统文化服务于社会的文明进步。凡是不利于社会文明进步的思想文化，都不该拿来“招摇过市”，还应在社会上形成一种共识——“人人喊打”。传统文化应在传承中发展，要“面向现代化、面向世界、面向未来”，一切“回到过去”的做法，一切有碍社会文明进步的思想文化，不管形式多么美，都不可取。

玉雕文化正是传统文化与现代文化的统一体。丢掉传统不可，失去现代化更不行。喜新厌旧不可取，喜新爱旧才可贵。科学地将传统文化与现代文化有机结合起来是当代玉雕艺术的发展方向。玉雕艺术在中国走过了几千年的历程，未来它必将朝着国际化的路线发展，只有将中国传统理念和现代时尚流行优化嫁接，才能让中国的玉器为现代人和国际市场所接受，才能显示出其勃勃生机和无穷的生命力。

第二，玉雕意境与玉雕流派的关系。

意境是我国美学思想中的一个重要范畴，它体现了艺术的内在美。玉雕作品给人带来的主要是意境之美。玉雕是运用特定的表现手法来反映生活、传承文化、揭示思想的。玉文化的精髓是承认美玉在于琢磨，美玉出自后天，美玉来自人为，美玉在于生生不息的创造。玉雕艺术就是利用玉这种特殊的载体，通过雕刻、琢磨等工艺手法，以景寓意，借作品内容表达创作者思想的艺术，反映了思想观念、审美理念和精神气质。

玉雕流派是经过几千年的不断探索与积累，特别是近百年来的聚散糅合，在全国范围内形成的。流派风格之间的差异，不同传统的沿袭，造就了中国玉器的多姿多彩。而历史发展到今天，情况已经发生了变化，这种区别正在缩小，差异性正在减弱，相互借鉴、相互渗透、你中有我、我中有你的趋势渐渐显示出来。在玉雕文化的发展过程中，既要保留各玉雕流派的特性，避免传统工艺在传承过程中的变异与消失，地域特征的丢失，又要有兼容并蓄的胸怀，打破固守一隅的狭隘心理定式，博采众长，不断吸收各种玉雕流派的技艺、特点、精华。在继承传统文化、传统工艺的前提下，不断引进、吸收、创新雕刻手法，融合中西方现代雕刻技法，通过精心琢磨玉雕，不断创新，使玉雕文化不断传承与发展。

第三，本土文化与外来文化的关系。

在玉雕文化发展的过程中，与外来文化(包括国内其他地域文化与外国文化)发生关系是不可避免的。社会是开放的，人员是流动的，文化是交流的。孤立、封闭、保守的文化，必将走向没落，走向衰亡。因此，必须正确处理好本土文化与外来文化的关系。只有将本土文化与外来文化有机地结合起来，求同存异，扬长补短，互相学习，互相吸纳，不断融合，玉雕文化才能迈向国际化。

二、中国玉，中国心

"玉"字在中国人心目中，是个美丽的字，仅《说文解字》所收的"玉"部字就达 100 余个，而由它组成的词汇更是不计其数，并多含有高贵、美好、坚贞等文化意义。时至今日，我们也常用冰清玉洁、金玉满堂、玉颜、玉体等来称谓那些美好的事物，就连起名字也常用"玉"字或"玉"部首的字，可见中国人对玉的喜爱和崇拜。

一般说来，任何一种物体被人喜爱、尊崇，不外乎两种原因：一是这种物体的材料和外在的形式使人产生审美上的愉悦，二是这种物体所隐含的文化内涵使人产生认同感。中国玉器则是两者最完美的结合，它不但有着优美的质地和造型，而且也深具人文情怀和民族精神。英国李约瑟博士曾赞许道："对玉的爱好，可以说是中国文化的特色之一。三千多年以来，它的质地、形状和颜色一直启发着雕刻家、画家和诗人的灵感。"近代著名学者章鸿钊先生也曾感叹道："玉与吾民族愈相与团结而有不可分离之观，凡研究中国民族史者必详玉之始末。"可以说，中国玉器不但包含着民族的好尚，积累着民族的智慧，寄托着民族的感情，反映着不同历史时期的社会结构和哲理思想，而且在中国政治、宗教、文化、思想等方面亦扮演着十分重要的角色，发挥着其他工艺美术品所不能替代的社会功能和作用。同时，尚玉、贵玉已成为中华民族的一种社会风尚，中国玉器以其独特的艺术特色受到世人的青睐和珍爱。

1. 材料美

在古代，玉是美石的同义词。汉代许慎在《说文解字》中说："玉，石之美者，有五德。"杨伯达先生认为，玉之美的发现者应是寻找玉石、打造玉器的人，这两件事起初往往由一人承担，他们在寻找和磨治玉器当中逐步发现和领悟了玉之美，并形成了玉之审美。这种审美是玉的色彩、光泽及其硬度、韧度在头脑中的反映，并形成感觉和认识。承认并喜爱玉之美的人便将其加工成玦、珠、管等装饰品用以打扮自己。从考古资料来看，新石器时代古人对玉的认知已具相当高的水平，红山文化、良渚文化、龙山文化以及其他史前文化所出土的玉器，经检测鉴定均属矿物学中的透闪石。

透闪石，因其单晶多呈纤维状细密交错的聚合，故其质地呈现出温润细腻的半透明感。我国新疆的和田玉是质地尚好的透闪石，常见的颜色主要有白、青、碧、墨等。大约在新石器时代晚期，优质的和田玉开始输入中原。春秋战国，尤其是汉代之后，和田玉成为帝王贵族千方百计索求的宝物。到了清代，由于乾隆皇帝爱玉成癖，从而使和田玉用量达到历史的高峰，每年仅宫廷用玉就达几十吨。

由于和田玉料质地细腻，光泽柔和而不炫丽，通体呈现出一种含蓄的美感，所以古有"君子比德于玉"之说，甚至将玉人格化。孔子根据玉的物理属性和社会需要十分巧妙地给融天地之精华的宝玉赋予了十一种德行，从而使玉发展成一种具有伦理、政治价值观（孝亲忠君）的"德化"玉，成为真善美的载体和化身。玉的这一光辉形象，数千年来，对中华民族优秀民族性格的塑造，道德观念的培养，全社会精神文明的建设都起到了不可估量的作用。

除孔子提出"玉有十一德"之外，还有管子的"玉有九德"、荀子的"玉有七德"等说法，其核心内容也多是以孔子提倡的仁义道德为基础。到了汉代，统治者"独尊儒术"，使得"玉德"理论得到进一步的提炼和强化。许慎《说文解字》释玉曰："石之美者，有五德。润泽以温，仁之方也；䚡思自外，可以知中，义之方也；其声舒扬，专以远闻，智之方也；不挠而折，勇之方也；锐廉而不忮，洁之方也。"可见古人极为重视玉的质地与特性，尤其是和田玉中的羊脂白玉，倍受古人的喜爱和推崇，成为品德高尚、心灵纯洁的象征。同时，我们也不难看出，在玉之诸多自然属性中，温润是其突出的特点，这一点正与中华先民追求的道德准则和民族性格相吻合。这样，玉之美与和善结合起来，以象征仁爱、和平、和谐。玉之温润的特点，表达出了中华先民的美好心愿，并使之成为中华儿女最为钟爱之物。

2. 工艺美

优美的玉料令人心醉，精湛的工艺更加令人赞叹。玉器都是工艺大师用心血和汗水浇成的，都是琢玉工智慧的结晶。为了琢制一件玉器，真不知有多少人为之操劳、奔忙。如北京故宫博物院收藏的大禹治水图玉山，从选料设计到最后刻字完工，全部工程用了整整十年时间，耗银更是不计其数。即便是琢制一件小型玉器，也要经过艺人们反复思索勾画，根据材料限定的条件进行精心的设计和琢磨，方能完成。因此，一件成功的作品，不但需要有工艺师的工艺技巧，还需要有艺术家的思维和创作才能。可以说，玉器是一种脑力劳动和体力劳动完美结合的产物。

玉器的工艺源于石器的制作，但又有别于石器，较之石器制作更加细腻、复杂。一要选材。因为只有选材得当，才能加工出好的玉器。二要设计。玉器的设计必须绝对服从材料本身所给予的特定条件，尽量使作品成为材料美和造型美的有机结合体。三要琢磨。这是玉器制作最关键的一环，也是玉器制作最独特的技术。工艺大师们必须根据设计要求，通过砣具实施切割、钻孔、镂空等各种工艺，一点一滴地细心琢磨，从而达到器物造型逼真、形象生动的艺术效果。最后则是抛光。抛光是为了使玉器更加光亮，但决不能有丝毫损伤或破坏玉器造型和纹饰的现象出现。清代李澄瑶所著《古玉图说》曾记载了当时治玉的全过程，从备料到成型大致要经过十三道工序，同时由于玉料质地坚硬，而且韧性较大，所以做工的艰难程度是其他材料所不可同日而语的。

此外，中国玉器工艺经过数千年的发展创新，到了明清时期，逐渐形成了以京作、苏作、番作、巧作为代表的玉作风格，特别是因色施艺的巧作玉器，更为玉器工艺增添了绚丽的光彩。

（1）京作

京作是以北京为中心的玉作工艺风格，也可以说是北方玉器的代表。京作玉器造型浑厚、庄重，圆雕和浮雕的作品较多，图纹工艺亦比较复杂。如北京故宫博物院收藏的各类仿古玉和时作玉，均呈现出高贵典雅的气质和悠然洒脱、落落大方的京城风貌。尤其是动物形圆雕，无论是兽类，还是禽类，大都丰满圆润，刻画得敦实健壮。器皿类则较为厚重、平稳，虽然有时也有花草缠绕、盘根错枝的艺术处理，但仍不失其纯朴、端庄的地方特点和舒展开朗的北方风格。

（2）苏作

苏作是指以苏州为代表的玉作工艺。明宋应星《天工开物》曾载："凡玉由彼缠头面，或溯河舟，或驾驼，经浪入嘉峪，而至甘州与肃州，至则互市得兴，车入中华，卸萃燕京。玉工辨璞，高下定价，而后琢之。良工虽集京师，工巧则推苏郡。"显而易见，在明代，苏州的琢玉工艺已被推为全国之首。而著名的琢玉艺人陆子冈，就是苏州玉作高手之一。

苏作玉器一般小件较多，图纹则以江南景色和文人画为主，工艺精细，奇巧玲珑。据载，道光年间，苏州著名琢玉艺人徐鸿，除善琢小件玉器外，还精于雕镂象牙。他能以一寸大小的象牙，雕成葫芦和桃实，宛然如真，这类器物常用来作为佩饰。另一艺人朱宏晋，能在玉石、象牙、玳瑁、玛瑙、螺壳等薄片上，雕成极精细的花鸟、楼台、亭桥、山水等镂空图景，惟妙惟肖。由此可知，苏作玉器擅长一个"巧"字。这一派的技师多在小料和简单的造型上，利用镂空、勾撤等工艺施展自己的才华，发挥自己的特长，把人们常见的事物、景物描绘琢磨得栩栩如生。苏作玉器具有轻柔温和的江南情调和优美俊秀的瑰丽风貌，乃明清玉作中的一朵奇葩。

（3）番作

番作亦称西番作，是指中国西部边陲及其接壤邻国的玉器制作工艺。番作玉器主要包括印度、巴基斯坦和阿富汗地的玉器。由于这些地区与中国在宗教信仰、生活习俗等方面都有着很大的不同，所以其玉器制作带有浓郁的异国情调。

乾隆年间，番作玉器开始进入中原，并受到了皇帝的青睐，因此，番作玉器渐兴。番作玉器一般都比较规矩、精巧，造型多为盘、碗、盒等生活日用器皿，但壁薄如纸，晶莹细润，装饰手法常常以镶嵌为主，不仅有嵌金、银丝、贴金箔，而且还有嵌各色宝石和玻璃的，从而使温润的玉器更显得华贵和绚丽多姿。

（4）巧作

巧作，也称俏色。它是玉工依玉材之自然色泽纹理，巧妙地加以设计使作品的造型与颜色达到自然完美的艺术效果的一种特殊工艺。

从现有的资料可知，早在商代，古人就已经比较熟练地掌握了这种技巧，如安阳殷墟出土的两件玉鳖，便是利用材料色泽的不同而精心设计琢磨出来的巧作。唐代以后的巧作玉器更加成熟，何家村出土的玛瑙牛首杯、元代的秋山玉、清代的桐荫仕女玉山、台北故宫博物院收藏的翡翠白菜等，均称得上是绝世精品。

由此可见，中国玉器工艺，既是一种具有浓郁东方艺术特点的特殊工艺技术，又是数千年来中国人聪明智慧的体现，它那巧夺天工的技巧和所包含的那种妙不可言的、动人的生活情趣，使中国玉器艺术更加五彩缤纷。

3. 寓意美

中国玉器之所以深入人心并一直延续至今，究其原因，除了玉器材料本身的魅力外，更重要的还是人们所赋予它的种种文化意义，主要表现在：

（1）玉是神灵的象征

古人认为玉是山石之精，具有灵性。人们把玉视作神物，不仅让玉器在原始宗教活动中充当沟通人与神的角色，用来祭祀天地山川、祖先神灵，而且还深信玉具有祛疫辟邪、消除灾祸的特殊功能。由此，玉器一直被视为保护神，佩玉辟邪的观念长期以来深植中国人的心底。

（2）玉是政治权力的象征

随着阶级的出现，中国玉器又被赋予了新的含义，并形成了系统的用玉制度。根据玉的品类、尺寸、纹饰、色泽、质地、数量等来表明佩戴者的身份高低，玉便成了一种明辨贵贱、标志地位的象征，深具权力和政治意义。

（3）玉是品格道德的象征

玉在传统文化中，还是美德的体现。“玉之美者，有五德”奠定了文人雅士用玉的理论基础，成为君子为人处世、洁身自爱的标准。所以历朝历代的人们都以佩玉为时尚，无论天子还是庶民，皆把佩玉作为人格完美、品德高尚的象征。

（4）玉是珍宝财富的象征

玉不仅在宗教、政治领域具有重要作用，在经济上也具有极高的地位。由于玉的质地优良，产量稀少，所以自古以来就被视作珍宝。管子曾曰：“以珠玉为上币，以黄金为中币，以刀布为下币。”“寳”字，即为屋内藏有贝（货币）和玉。战国时期关于和氏璧的记载，更加说明了上好的玉在人们心中的地位和价值。因此，玉之为宝的观念，不仅刺激了玉器的发展，而且在古代社会的政治交往中也占有极为重要的地位。

（5）玉是吉祥福瑞的象征

中国玉器不仅质地优良，而且内涵丰富，寓意美好。特别是明清时期，大多数作品“图必有意，意必吉祥”，有的反映了古人升仙得道的思想，有的体现了祈求再生的观念，而更多的则是表达了人们对美好生活的向往和追求，即吉祥的祝福。如大猴背上爬一小猴，寓意为“辈辈封侯”；莲花与鱼雕在一起，则为“连年有余”。此外，那些丰富多彩、包含吉祥寓意的图案画面，如喜上眉梢、松鹤延年、五福捧寿、五子登科等，更是道出了人们祈盼吉祥、憧憬未来的思想感情。在这里它们不仅是一种装饰，也是一种心灵的写照，同时还流露出美好的愿望和乐观的情绪，具有无言的魅力和一切词句均替代不了的功能。可以说，它带着社会的和声，凝结成谐音、符号、象征等中国特有的吉祥寓意性的艺术语言，使创作者和欣赏者从中得到享受和满足，并跃出造型和画面，进入一个立体的、更饱满且更充实的世界。尤其是当玉器步入百姓之家并与乡土文化紧密结合后，它更加成为一种富贵平安、吉祥如意的象征物了，从而使得尊玉、爱玉的传统观念深植中国人的心里。

《考工记》曾载："天有时，地有气，材有美，工有巧。"其中，材美工巧一直成为古人乃至今人治玉的原则，并取得了惊人的成就。试观历代玉器作品，尽管它们各自的功用不同，形制也有差异，但皆以灿烂的光芒照耀着玉器发展史的每一篇章。那坚密细润的材料，别具一格的造型，精湛卓越的技艺，怎能不令人迷恋赞叹，拍手叫绝？同时，它们还以瑰丽的身姿体现着时代的特色和民族的个性：有的浑厚庄严；有的玲珑剔透；有的虽说质材无华，制作欠精，却也显示出了大巧若拙的气质。

此外，中国玉器的装饰图纹同样也显露着历代玉工的聪明才智和创作能力。器物画面上无论是几何纹，自然写实纹，还是抽象的神话动物纹等，均表现得笔触灵活，线条生动，简练中蕴含着丰富的意趣，矫健中表现出生动的灵性。中国玉器给人的美感，并不仅仅来自形式，而是人赋予了它种种思想观念和文化内涵，这样才使得天才的艺术大师们把自然美、精神美巧妙地汇集于一体，把人文观念与社会功用渗透于玉器之中，把博大精深的民族文化含蓄、综合地体现在艺术作品里。玉器之美，早已超出了单纯的造型、工艺和材料之美，它是一种再生的美，升华的美。这种美像春雨渗入大地似的，在人们的精神世界里埋下了价值和能量。

三、民族的，才是世界的

中华玉文化源远流长，它影响了世界文明的发展格局。中华玉文化从何而来，它的起源是什么，在历史发展的过程中何以产生如此巨大的影响？这些都值得我们进行探究。

第一，中国玉文化是中国独有的和谐文化。

一种物质作为文化出现，就需要在劳动过程中不断实践。从玉逐渐形成玉文化，就是经历了一个这样的过程。同时，这个发展过程也孵化出了中华文化中崇拜自然、注重和谐的核心思想。

自古以来，无根之木、无本之源都是无法生存的，没有载体的文化也是空洞的，要把抽象转化为具象，必须要有一个可承载的主体。任何品牌都要有载体，任何文化都要有符号，随着中国文化和经济的崛起，中国玉文化将成为世界上强势的文化品牌之一。

玉给人以美好的憧憬和想象。中国玉文化自古以来讲求“和谐”二字。古代玉文化讲求“玉德”，现代玉文化应该倡导“玉和”，“和谐”二字应贯穿于中国玉文化的发展中。和谐是为他人带来快乐，带来愉悦，为他人带来一切便利。和谐是一种氛围，和谐是一种文明，和谐是一种奉献。

君子以玉比德，是因为玉能折射出人的心灵。同时，人们把玉本身具有的一些自然特性比附于人的道德品质，赋予了玉人格化的“玉德”而加以崇尚歌颂。君子比德于玉，玉之“仁、义、智、勇、洁”五德，便成了古时人们对于道德要求的最高准则。

第二，中国玉文化来自人类在劳动中发现的玉的实用性和观赏性。

一种物质和文化不能为人类服务，是没有价值可言的。原始人类在使用玉的过程中造就了文化，那时的文化是原始的玉文化。劳动能创造文化，也能创造文明。文字的出现是文化的最好记载；国家的形成使得玉文化的传播到达了更高的层次，人类的文明从此凸显出人的主体性。这一切已经不仅仅是玉在劳作过程中起的作用，更是由于玉的美使人们审美意识发生了巨大的变化。正是由于这些巨大的变化，使儒家文化对玉进行人格化的描述并赋予其精神和思想，使玉作为人道德情操的比照之物。

第三，在中国文化和世界文化的发展过程中，玉的影响无处不在。

新中国成立后，汉字简化，国家的"国"字中的"或"变成了"玉"，这说明，人们逐渐开始意识到无玉不成国。玉有文化、精神和思想，没有文化、精神和思想的社会不能称为国。玉是物质的，更是非物质的。中华民族的精神是玉的精神，中华民族的图腾是玉。

中国玉文化的诞生是世界神学的重要起源。早在巫玉时期，巫以玉祀神，玉是神的享物，从此玉和神之间产生了联系，具有了不同寻常的宗教意义。这个时期人们对玉的崇尚，代表着对上天和神灵的祭祀与崇拜，这种崇尚高于一切。而拥有玉的巫，在人们的心中也成了神的使者。同样，中国玉文化是世界政治学的重要起源。封建王朝时期，因玉独特的美和资源的稀少，玉自然而然成为皇家及上层统治阶级的独享器物，并因此赋予了玉权力和身份象征的属性，这就是"王玉时代"。在王玉时代，玉融入中国古代国家政治，被制成玉玺，作为统治阶级统治的象征。各个时期的改朝换代，统治者只有掌握玉玺才能算是真正掌握政权。同样，它也是世界经济学的重要起源，最古老的钱币由玉制成，后来逐渐开始在人们的日常生活中流通。另外，玉和音乐、美术等也有着千丝万缕的联系。在中国文化和世界文化的发展过程中，玉的影响无处不在。中国玉文化是中国的文化，更是世界的文化。

第四，中国玉文化派生出了世界上最早、最经典的投资理念和经营理念。

"乱世藏金，盛世藏玉。"这句话形象生动地说明了投资与经营之间的关系，告诉我们在不同的社会背景之下投资的主体应该不同：乱世年间，人们投资黄金，因为便于携带；而在和平年代，人们衣食不愁，除了物质上的需求，更需要精神上的满足，于是，收藏一些诸如玉石、玉器等经典的、有意义的、罕见的、不可再生的、文化品位高的稀世珍品成为一种时尚。现代较先进的投资策略就是投资自然界生成、没有人为过分修饰的天然矿物，所以，不同的时代背景，投资主体应该有所不同。

一旦对投资背景有了很好的了解之后，大家就会意识到，玉和金是最好的投资主体。很多宝石的美是人造之美，而玉的美是天造之美，我们不排斥人造美，但是我们更提倡“原生态、自然美”。不管什么背景之下，自然界中不可再生的矿藏资源都是较安全和保险的投资项目。而人造的大多数物质资源都有可能跌价。

“乱世藏金，盛世藏玉”中的金和玉已经成为有形价值和无形价值的代表，我们要学会投资具有有形价值的东西，更要学会投资具有无形价值的东西。

第五，中国玉文化最早阐述了物质的有价论和文化的无价论；最早阐述了物质的价格论和文化的价值论；最早阐述了人类应该从物质中寻找非物质，从有形中追求无形。

古语有云：“黄金有价，玉无价。”从这句话中我们可以得知中国玉文化最早阐述了物质的有价论和文化的无价论。因为黄金是物质的，所以它是有价的。而玉还具有非物质性——文化性，文化无法估价，所以玉是无价的。因此，价格和价值最早的阐述来自中国，来自中国玉文化，来自“黄金有价，玉无价”。

中国玉文化最早阐述了物质的价格论和文化的价值论，价格给了物质最终的归属，文化不但包含了价格，也包含了人文的、思想的、精神的无形价值。所以，文化是无价的。那么什么是中国的文化载体？那就是中国的玉。

中国玉文化最早阐述了人类应该从物质中寻找非物质。玉一开始作为使用工具，后来人们逐步发现了它的观赏性，在使用和发现美的过程中产生了文化。我们要善于在物质中寻找文化性，在物质中寻找非物质，从有形中追求无形。

中国玉文化是中国文化之根，也应该是世界文化之魂。它的再次复兴，对中华文明的发展具有无可替代的重要意义。作为中国人，我们应该为我们有这么博大的文化之根、文化之魂而骄傲。

四、中国玉文化必将走向世界

玉是中华民族的瑰宝，像一颗明珠，在中国历史文化中放射出灿烂的光辉。玉是中华民族文化的特色之一，在世界上独树一帜，誉满天下。玉在中国历史上久负盛名，源远流长，为人们所喜爱。玉被奉为宝物，不仅仅因为其质地优良，世间罕有，还因为玉在历代政治、文化、道德、宗教等方面起着特殊的作用。因此，在中国人的心目中，玉有着民族传统的内涵。

玉，美丽、坚韧、经久不朽，呈现无与伦比的温润之美，令人爱不释手。古代先民们在新石器时代已经认识到了玉的美，将玉制作成各种装饰品和工具，他们相信玉经久不朽，能产生超越时空的力量，将现世人们的希望与祈求，传达给神灵和祖先。他们用不朽的美玉，雕琢成各种想象中的神和祖先的形象，刻上特殊的符号，希望产生超越时空的力量，与神灵和祖先沟通，由此而奠定了中华民族玉文化的基础。经商、周两代，玉的道德化、宗教化、政治化已经形成，玉成为道德、习俗、神灵、权力、财富的象征。

玉的道德化、宗教化、政治化，为人们爱玉、崇玉、敬玉提供了精神支柱，没有哪种古代器物能够像玉器一样可以承载中华民族历史文化的发展。玉是中华民族的象征，体现了中华民族仁和、坚韧、奋进、智慧、包容的特质和情怀。

中国自古以来有“黄金有价，玉无价”之说，玉之珍贵，国之重宝，玉不但是帝王皇家、公侯贵族的私藏，也是民间广泛珍视的宝物。在中国语言文字中，“玉”就是“美”的同义词：金科玉律、冰清玉洁、金玉良缘、金玉满堂。在中华大地广泛流传着有关玉的美丽故事：“西王母献玉于尧舜”的传说，“周穆王会见西王母于昆仑山”，周穆王赞昆仑山“唯天下之良山，宝玉之所在”；和氏璧的传说，“完璧归赵”的故事，秦始皇统一中国将和氏璧改制为传国玉玺的传说。

国人不但将玉视作美好的化身，也常佩玉以求避邪除凶、平安如意、福禄寿禧。从以玉为美、以玉为荣、以玉为贵这些观念中，我们仍可感受到当今的人们非常强烈的爱玉情结，买玉、戴玉、送玉、收藏玉已成为一种社会时尚，已成为当今和谐社会人们生活富裕、追求精神享受、提升文化品位的表现。

中国经济日益强大，国人逐渐富裕，经济的强大必定会促使文化的回归。在众多的我国古代艺术品类中，唯有玉涵括的层面最广，没有哪种古代艺术品能够像玉器一样，源源不断承载了中华民族数千年的历史文化。从庄严的神庙礼器，到王权的象征之物；从高贵的生活用品，到温润精美的佩饰——天赐宝物于中华民族，玉必将重新赢得世人之心。